無敵美女

お金・愛・美
ほしいもの
すべて手に入れる

水輝ハニー
Honey Mizuki

sanctuary books

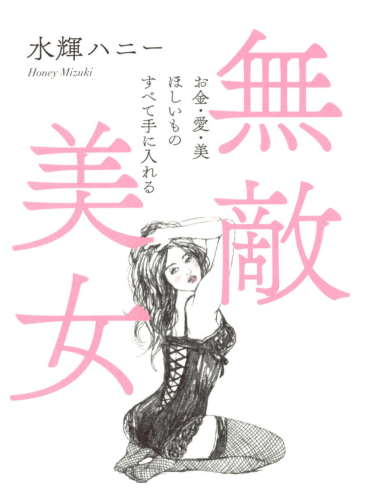

女に生まれてよかった！

INTRODUCTION

女の人生は、大変です。

私より、あの子のほうがかわいい？
私より、あの子のほうがお金持ち？
彼は私を愛してる？
いつ結婚できる？
気持ちいいセックスってなに？
いつまで働ける？

私、いま幸せ？

どれほど物や情報が豊かになっても、
毎日忙しく予定を詰め込んでも、
どこか満足できない……

本当は私、どう生きたいの？
なにがしたいの？
なにがほしいの？

キレイゴト。ジョウシキ。セケンテイ。
それらを取っ払って初めて、
本当に心から満たされ、
歩むべき人生への扉が開かれます。

そうなれたら、女は《無敵》。

INTRODUCTION

自分が満たされると、
世界がキラキラと輝き出し、
あふれるほどの愛とお金と美を、
自然と受け取ることができるのです。

女は、いつからだって変われます。
そのエッセンスを知って、
自分軸で生きる覚悟と、
一歩を踏み出す勇気さえ持てば。

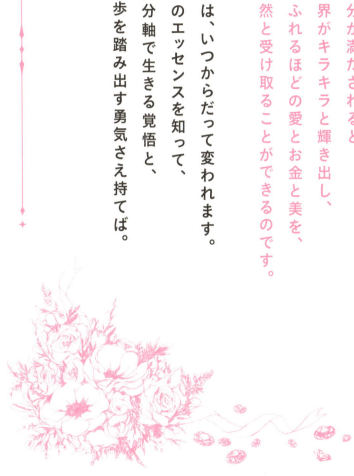

はじめに

「仕事もプライベートもそれなりに忙しいのに、
心から充実感がないのはなぜ？」
「お金がないわけじゃないのに、本当にほしいものが
手に入っていないような気がするのは、どうして？」
「誰かが幸せそうにしていると、気に入らない。
自分に足りないものを見せつけられたようで、不安になる」

ふとした心のスキに、つい考え込んでしまうこんなこと。
忙しい日常の中では気づかないほどの、ささいな違和感かもしれません。
ふだん、がんばっている女性こそ思ってしまうことかもしれません。

でもそれは、あなたがまだ自分の本当の人生を歩めていないということ。

あなたの心が、「満たされていない」と叫んでいる証しです。

タイトルの「無敵美女」に込めた思い――それは、男性と肩を並べることでも、ハイヒールをカツカツ鳴らして、まわりの女を蹴散らして闊歩することでもなく、「自分軸で生きる女が、いちばんきれいで、最強!」ということ。

そして、ほんの少しの覚悟と勇気を持つことで、女なら誰もがこの「無敵美女」になることができるのです。


私のことを少し書くと、祖父も父も経営者という実業家一族に生まれ、何不自由ない少女時代を送ったものの、19歳のときに父の事業が破綻。その清算に駆けずりまわり、夜のアルバイトで生計を立てていた時期もありました。

そして、23歳でできちゃった結婚。年子の2人の子どもを抱えて子育てに追われていた期間は、私の人生最大のモヤモヤ期でした。やりたいことがまったくできない生活の中で、「このままでいいのだろうか」と自問自答を繰り返す日々。

そこで、主婦だった私が一念発起し、27歳のときに起業。千葉県でフランス菓子店を皮切りに、エステサロン、ネイルサロン、アンチエイジング料理のダイニングレストラン、セレクトショップ、女性起業家向けコンサル業を開業し、いずれも繁盛店に成長させました。

事業を大きくする過程では、過労に陥り、2週間生死の淵をさまようような大病をしたこともありました。離婚も経験しました。でも、つらい経験をするたびに新たな気づきを得て、すべてを自分らしさのエッセンスとして付け加えてきました。

17年にわたって、脇目もふらずにバリバリと仕事する時代を終え、現在はすべての実業を売却。いまは、新たなワクワク、自分にとってもっとも心地よい生き方、働き方を模索しつつ、新天地・軽井沢に移住し、人生のバカンスを楽しんでいます。

けっして一筋縄ではいかない人生でしたが、常に頭に置いていたのは、自分にとって本当に大切なものだけを抱きしめ、それ以外はすべて手放すということ。どんなに大変なときも、とにかく「自分」でいることを突き詰めてきました。

「自分」でさえいれば、どこで、なにが起きようとも生き抜いていける。つまり「無敵」

な自分でいることに気がついたときには、愛・お金・美のすべてが、自然と私の手の中にあったのです。

過去の私のように、迷ったり立ち止まったりしている女性たちに、私の経験を少しでもお伝えしたくて、「マインド」「コミュニケーション」「お金」「恋愛・セックス」「美容・ファッション」「暮らし」「家族」の7章にわけて、100のアドバイスを書きました。

あなたの軸に役立ちそうなテーマから、読んでみてください。
そして心に響くものがひとつでもあれば、実践してみてください。
いつも見ている景色が、ちょっと変わって目に映るはずです。

自分が世界の中心でいる女は、美しく、しなやかな強さを持っています。
あなたも必ずなれます。
「無敵美女」に。

CONTENTS

CHAPTER.01

»MIND«

マインド

LIST

CHAPTER.02

»COMMUNICATION«

コミュニケーション

LIST

CHAPTER.03

»MONEY«

お金

LIST

CHAPTER.04

»LOVE&SEX«

恋愛・セックス

LIST

CONTENTS

CHAPTER.05

»BEAUTY&FASHION«

美容・ファッション

CHAPTER.06

»LIFE«

暮らし

LIST

CONTENTS

CHAPTER.07

»FAMILY«

家族

LIST

INVINCIBLE
BEAUTY

01

»MIND«

マインド

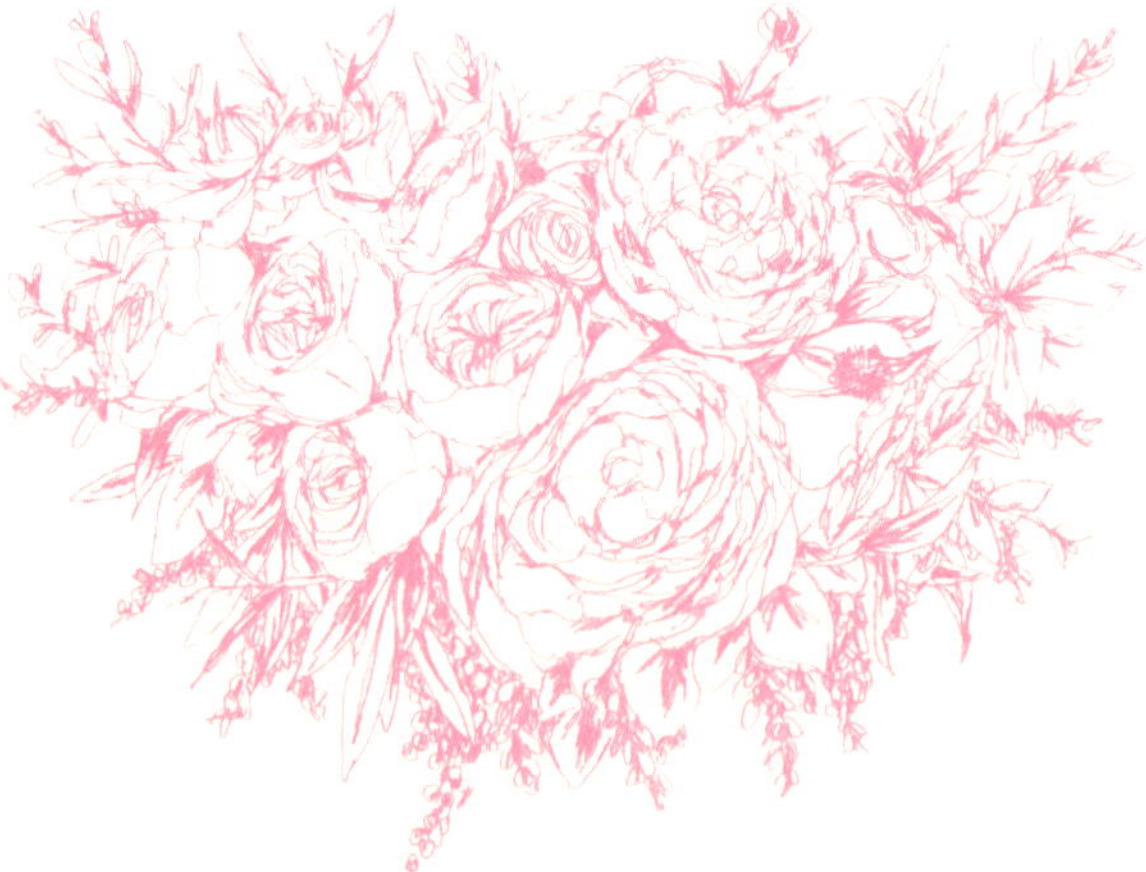

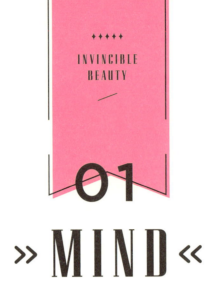

あなたの「成功したい」という想いの原動力になっているものは、なんですか？

私の場合は、人生のどん底を見た経験が、その力になっています。

東京・下町の実業家一族に生まれた私は、何不自由なく子ども時代を過ごしました。しかし、バブル崩壊とともに父の事業が破綻。当時19歳の私がその後始末に奔走しました。

このときの経験は、私にひとつの固い決意をさせました。

「絶対に成功者となって、お金に振りまわされない人生を送ってやる！」と。

結婚・出産を経て、起業したのは27歳のとき。手とり足とり教えてくれる人は誰もいない。「信じられるのは自分だけ」という状況で、無我夢中で会社を大きくしてきました。胸にあったのは、「成功する」と決めたあの日の自分との約束を、絶対に果たすんだという思い。

ステップを乗り越えるごとに、私は経営者として、成功者としての哲学を一つひとつ身につけてきました。

たどり着いたのは「自分を信じ、自分をいかし切る」という絶対法則。

もしあなたが「成功したい」と強く願うなら、私がたどり着いたこの法則を、ぜひ取り入れてみてください。きっと、どんなに困難な局面をも打開する、確かな力となるはずです。

»MIND«

LIST 01

コンフォートゾーンから外に出よ！

―「ありのまま」は行動しない自分への免罪符―

「いま」の行動が未来を変えると心得て
「経験値」と「おいしいネタ」がいい女の条件
言い訳は今日から捨てよう

「痛い目にあったとしても、失敗すらできない人生よりずっと楽しい」
高橋尚子

ちょっと前まで「ありのままでいい」といった考え方が流行っていましたね。私も、考え方としては嫌いではないのですが、人は受け取りたいように受け取るもので……「ありのまま」を、コンフォートゾーンから出ない言い訳、いつまでたっても行動しない自分への《免罪符》にしてはいませんか？

自分を信じてとことんやった経験を持つ者だけが、放てる光があります。超えてみよう！　とチャレンジしたあとにだけ見える風景があります。もちろん、そこに至るまでには苦労も困難もあるでしょう。

でもそれらはすべて、あなたの《経験値》、そして《おいしいネタ》になる。ほら、豊富な経験をして、珍しいエピソードを語れる人って、人間的な深みがあるでしょう？　その経験の数々は、その人のオーラや魅力になっていくのです。

居心地のいいコンフォートゾーンから外に出ましょう！　まずはそこからです。やらない理由や、できない言い訳は捨てること。子育てが一段落してから、もっと勉強してから、お金が貯まってから、なんて言ってたら、あっという間におばあちゃんになっちゃいます！　スタートラインは「いま」。ワクワクに向かって飛び出すか、なにもせずにそこにいるのか。ほしい未来をつくれるのは、あなたの行動だけです。

CHAPTER.01

MIND

LIST 02

もっともっと、大胆に！

―妥協して選んでいることをやめてみる―

嫌々やって
いることを、
ひとつずつ
減らしてみて
あなたの理想は、
どんな人生？
過去に
とらわれずに、
舵を切ろう

「人生は恐れを知らぬ冒険か、無のどちらかである」
ヘレン・ケラー

「好きな場所に住んで、好きなときだけ働いて、時間に縛られずに、経済的に余裕がある生活がしたい」。多くの方が思う、理想の人生像です。

あなたがいままでの働き方を卒業して、自分をすり減らさないワークスタイルに変えていくのは、本当に不可能でしょうか？

いま嫌々やっていることや、妥協して選択していることをやめる、あるいは変える。まずはそこから始めましょう。住む場所や働き方、付き合う人を変えるなど、いまできることがなにかしらあるはずなのに、たいていの人は「でも、だって」と、もっともらしい「できない理由」を生み出して、いまのままでいることを選択しています。

私がお手本としている幸せなお金持ちさんたちはみなさん、大胆な行動者です。直感や思いつきで動くことだけではなく、下調べや準備をしたうえで計画的に動くことも含まれます。私もこの《大胆な行動》が得意で、長い期間大きなエネルギーを注いだことに執着せず、次々と自分の身の置き場を変えています。

いま、目の前にある現実は、無意識下であなたが望んだもの。そのことをいったん受け入れ、向き合って感謝したうえで、それを大胆に手放すのです。そして、目指したい方向に、大胆に舵を切りましょう。人生短いです。サクサク行きましょう♪

» MIND «

LIST 03

「したたかな女」ですが、なにか？

―なにを言われても気にしない「強か」さを持つ―

世間体ではなく、
自分の軸で
生きること
「したたか」は
漢字で書くと
「強か」

「男性と平等でありたいと求めるような女性は、野心が足りていない」
マリリン・モンロー

陰で、あるいは面と向かって、私のことを評して「したたかな女だよね」と言われることがあります。以前は、それを聞いていい気分にはなれませんでした。這い上がるためなら手段を選ばず、人に媚びたり、汚い手をつくしてでも地位や名声を得る姑息な女――「したたかな女」に、そんな勝手なイメージを持っていたのです。

でも、あるとき、ふと「したたか」の意味を調べてみました。

「粘り強くて、他からの圧力になかなか屈しないさま。しぶといさま」「強く、しっかりしているさま」「程度がはなはだしいさま」

漢字で書くと「強か」。これを知って、うれしくなりました。なんだ、やっぱり「強かな女」って私のことかも！　と、なんだか誇らしくなってきたりして（笑）。

「したたか」という言葉自体に悪い意味はないのだそう。でも「したたかだね」と評する感情の中には、「手強そう」「こちらの思惑通りにはいかなそう」「どうせ汚い手を使ってここまできたに違いない」（！）という感情も含まれていそうです。

でも私はもう気にしません。「したたか」は「強か」。したたかな女は、まわりからの評価なんかには動じない、しっかりした芯を持っているのですから。「したたかな女ですけど、なにか？」と言えるほどの強さを持ちましょう。

»MIND«

LIST 04

「自分メーター」を振り切って

— 自分が自分であることを思いっきり楽しむ —

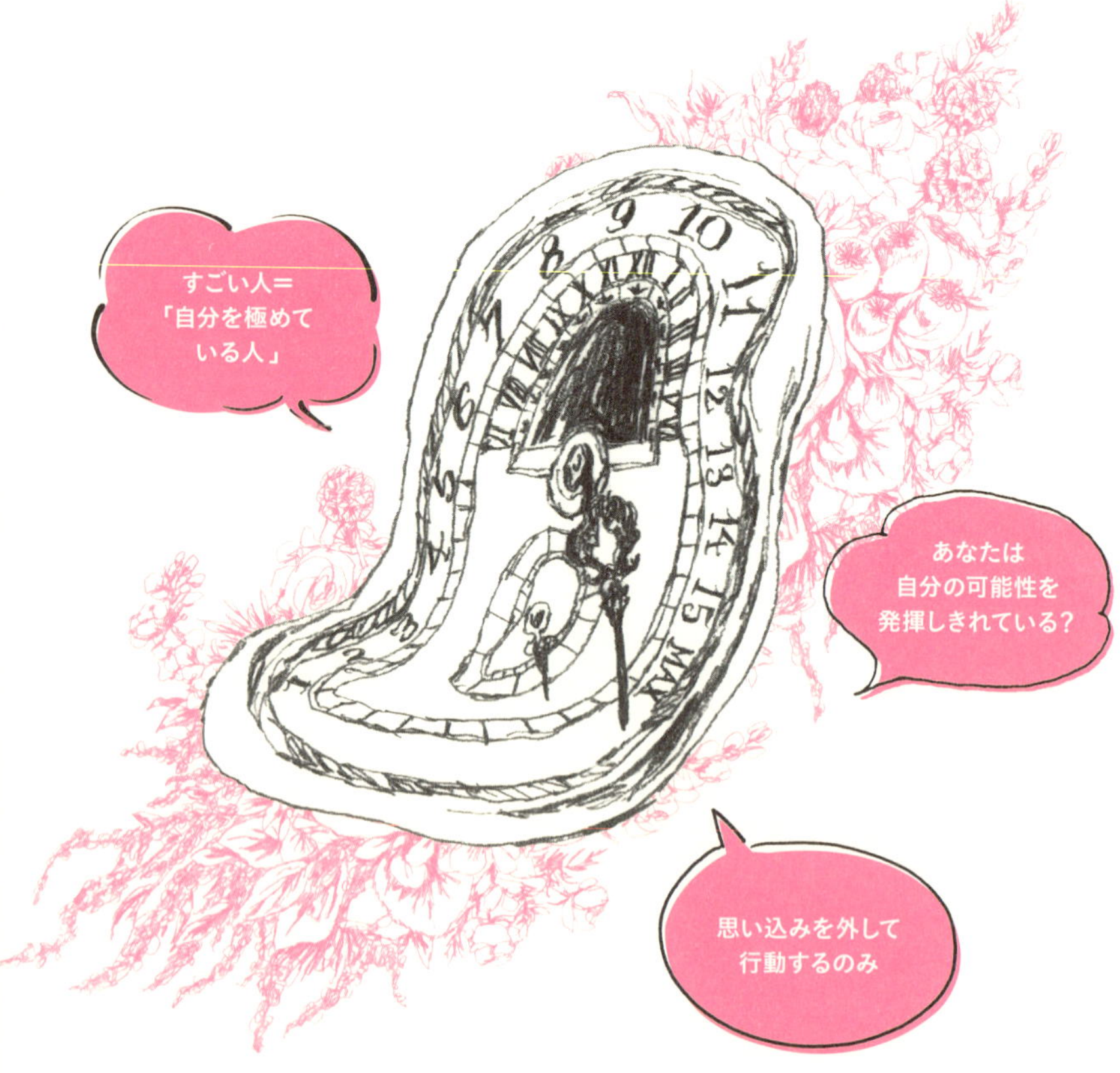
すごい人＝
「自分を極めている人」
あなたは
自分の可能性を
発揮しきれている？
思い込みを外して
行動するのみ

「一度だけの人生、それが私たちのもつすべてだ」
ジャンヌ・ダルク

この本を読んでくださっている読者の方は、多かれ少なかれ、きっとこう思っているはず。「なんか……とにかく《すごい人》になりたいのよね！」って。でも、「すごい人」ってなんだろうね（笑）。「まだまだこんなもんじゃないのよ私は！」と思っていませんか？　「お金も、人気も、賞賛も、もっともっとほしい！」という気持ちは、「まだまだ自分の可能性を発揮しきれていない」というメッセージ。だから、その衝動に沿って、さっさと「自分メーター」を振り切っちゃいましょう。その手順は、

①普通の人は「そこまでしない」ことを、どんどんする。
②まだそこに達していないと思っても、いまできることを全部やる。
③思考をより積極的なものに進化させ、行動することに徹する。
④自分の望みに集中する。
⑤「自分はこの程度」という思い込みを外す。
⑥「それは実現できる！」と、自分自身が信じ切る。
⑦「お金がないから」「その器じゃないから」「周囲が反対するから」は辞書から消す。

私にとっての「すごい人」とは、「自分であることを極めた人」のこと。
ちっぽけな枠を取っ払って、自分が自分であることをとことん楽しみましょう☆

»MIND«

LIST 05

たゆたうように「私」でいよう

―嫉妬の気持ちが湧いたときは「私は、私」に立ち戻る―

自分にないものを
数えないで
流れに身を任せれば、
行きたい場所へ
たどり着く
「私が私でよかった」
と思えるような
生き方を

「自分の心が語ることだけをしてください」

ダイアナ妃

自分らしさを極めることが「**最強の私**」になる秘訣です。

だって「**私は、私**」でしかないじゃない？　どんなに憧れの人がいたとしても、その人になり変わることはできません。

今回、この人生、この「私」で生まれてきたのだから、**愚直に「私」を生きるのです！**

「私は、私」でいると、他人と自分を比べる必要もなく、「私であること！」を声高に主張する必要もありません。余計なエネルギーを使わず、いつも心安らかでいられます。

そして、「私」でいるというのは、自分をかたくなに握りしめることではなく、柔軟に、ふんわりとやわらかく、まわりと調和していくこと。

誰かと比べて落ち込んだり、嫉妬の気持ちが湧いてきたりしたときには、「私は、私」に立ち戻りましょう。自分にないものを必死に求めなくてていいんです。

ただただ「私」でいて、どこにも力を入れずに、たゆたうように流れに身を任せる。そうすれば、本当に行きたい場所に、ラクに行き着けます。

あなたの使命は、人生を楽しんで、美しく生きること。ただ、それだけです。

そのためにまず、あなた自身が持つ本来の美しさに気づいてください。

»MIND«

LIST 06

「想いは叶う」は真実

—「私には無理かも」と思ったら、それは叶わない—

思い描いたことは、
その通りに起こる
まわりの反対を
乗り越えたら、
夢は叶ったも同然

「運命の人は必ず現れる。彼は今ごろアフリカあたりにいて、
しかも、徒歩でこっちに向かっているに違いないわ」オプラ・ウィンフリー

人は、自分が**想った通りの人**になります。まだ理想とする自分に、ほど遠すぎる位置にいたとしても、理想の自分をワクワク思い描いて、なり切ったまま行動していると、**ふと気づいたときには、思い描いていた自分になっているものです。**

夢や理想があっても、「私には無理かも……」という想いがあると、宇宙はそれも忠実に叶えてくれます。すなわち、夢は叶わない。

女性は、子どもやパートナー、家族など、なにかと「まわりが求める生き方」を強いられる場面が多い。自分のニーズを脇に置かなくてはいけない時期が長い。私も、保育園児の年子を抱えてシングルマザーをしていた時代があるから、よくわかります。でも、そんな時期であってもできることはあります。計画を練ったり、イメージしたり、情報収集をしたりと、プラスに転換するしぶとさがほしい。

もし家族の反対や、まわりからの「そんなの無理」という声があったなら、「**あっ、いま試されてるんだ**」と思えばいい。マイナスのリアクションにも反応しないくらい想いが強くなったら、夢はもう叶ったも同然。

自分の力を信じて、強い想いを持ち続けること。その想いの強さが、理想の現実を引き寄せるのです。

»MIND«

LIST 07

やろうと思えば、なんでもできる

―3歳と4歳の年子育児中に起業しました―

あなたの夢はなに？
私は「お菓子
みたいな家を建てる」
夢を叶えました

「チャンスというものは、準備を終えた者にだけ、微笑んでくれるのです」
キュリー夫人

上の子どもたちが3歳と4歳、私が**27歳のときに起業**しました。

その頃、パティシエの修業中だった元パートナーは、NYやパリへ修業の旅に出ていたので、収入はほとんどゼロ。年子の子育て真っ最中の間は、私の実家に間借りし、義母からお小遣いをもらって生活していた時期もありました。自分の自由になるお金なんて、まったくなかった。

当時は、女性の起業なんて、一般的ではありませんでした。いまならネットで「女性　起業」と打ち込めばすぐに得られる情報も、自分で苦労して調べるしかなかったのです。当然、起業の仕方を教えてくれるセミナーやコンサルもほぼ皆無。

でも、私は起業しました。そして**事業を繁盛させました。**

さらに言うと、その頃持っていた「**お菓子みたいなかわいらしい家を建てる**」という夢も、30代半ばで叶えました☆

なにが言いたいかというと、やろうと思えばなんでもできる！　ということ。女性だから、子どもがいるから、家庭があるから、まわりから○○って言われるから――そんなハードルは、行動しない自分への言い訳にしかすぎません。

夢は必ず叶います。自分への言い訳をやめて、いまから行動を始めれば。

» MIND «

LIST 08

恥をかきたくないなら、やらないで

―怖いまま、レッツチャレンジ！―

まずは自分の頭で考えて行動する
成功している人はみんな、怖いまま始めてる
失敗や人の目が怖い……そんなプライドはいらない

「私は不完全が大好き」
アグネス・マーティン

コンサルのお仕事では、たくさんの方のビジネスのご相談に乗っています。その中には、成功できる人とできない人がいますが、ほとんどの場合、初めにお話しした段階で、どちらなのかがわかってしまいます。

まず、**自分で考えて行動できない人は、ビジネスで成功できません**。自分で考えず、教わったことさえも行動に移せない人が成功できる確率は、はっきり言ってゼロ。ところが、「やりたいのに行動できないんです」と言う方がとても多いんです。

その理由のひとつが「怖い」から。失敗が、人の目が、一歩踏み出すのが「怖い」という気持ちですね。人間誰しも、新しいことにチャレンジするのは、不安や恐怖が伴うもの。どんなに勇敢に見える人でも、実はドキドキしながら行動していたりします。でも、**「怖くなってから」じゃなくて、「怖いけど」やるんです！**

第2の理由が「恥ずかしい」。「がんばる姿を見られたらみっともない」「成功した姿だけを見せたい」……要するに、見栄っ張りのええかっこしいですな（笑）。**世に言う成功者のみなさんも、見えないところで泥臭く行動していますよ！**

怖いけど、恥ずかしいけど、やるんです。

それが嫌なら、一生怖がって、恥ずかしがっていてくださいね♪

MIND

LIST 09

戦略より、直感を大切に

― 答えは、あなたの内側にある ―

「一目惚れを信じることよ」
サラ・ベルナール

これまでに立ち上げたお店はすべて大繁盛、人呼んで敏腕実業家（自分で言っちゃう！　笑）の私。実は「目に見えるもの」より「目に見えないもの」を重視して経営しています。経営者である自分の感性がワクワクするものだけを取り入れるんです。

すごい戦略を練ってビジネスをしているように見られがちなのですが、「戦略」という言葉は大の苦手。だって、ビジネスはそもそも戦いではないし、「略」という言葉の意味（はかりごと、うばう）にもまったくワクワクしないから。

世の中の多くの経営者とは、真逆の発想なのかもしれません。でも、これからの時代は、間違いなく直感をいかしたビジネスが主流になっていくと思います。

大切なのは、外を見すぎないこと。他と比べたり、競ったりするという発想では、たちまち楽しくなくなります。ブログのアクセス数や、「いいね！」の数、フォロワー数を稼ぐことより、提供するサービスの質や、どれだけ自分が楽しめるか、そして「本質」を磨くことが先決。答えは外にではなく、あなたの内側にあるのです。

戦略よりも、直感を大切に。あるがままの自分を、ワクワクしながらいかし切ることにフォーカスしましょう。「いいね！」の数ではなく、毎日のリアルな生活や仕事の中での充実感や手応えこそが真実です。

» MIND «

LIST 10

「私は強運」と言い切る!

―言い切って、思い込んで、もっと運を味方に―

「運のいい人」には、
誰でもなれる
目の前のことを
一生懸命やれば、
プラスのパワーが
満ちてくる
まずはログセを
変えてみて

「元気を出しなさい。今日の失敗ではなく、明日訪れるかもしれない成功について考えるのです」
ヘレン・ケラー

なぜか、「**運のいい人**」「**恵まれている人**」と思われることの多い私。以前は「そんなことないよー」って謙遜したり、「本当は見えないところでいろいろあるのに……」とスネてみたりもしましたが。

はっきり言わせてもらいます。

そうです。**私は強運です！**

言い切って、思い込んで、もっと強運になっちゃおうっと♪

20代の頃の父親の破産と夜逃げ、デキ婚と離婚、シングルマザー生活、難病……といった波瀾万丈の過去さえも、「あれは、いまにつながる学びだったのね！」と、なるほど納得。いまの現実に完全につじつまが合っていて、驚くほど。

願ったことはどんどん叶っているし、これからもっともっと夢を叶えていくつもり。

やり方は簡単！　**目の前のことを一生懸命やって、自分の中をプラスのパワーでいっぱいにする。**これだけ！

そうすると、大きな望みが次々と叶うようになってきて、ある日ふと気づいてみると、前だったら考えられなかったような大きな夢が叶っているという状況になっているはず。

「**私は強運で、超恵まれている♡**」。これ、口グセにしましょうね。

»MIND«

LIST 11

「自信＝自分を信じる力」を磨こう

―まずは目の前のことに真剣に取り組み、結果を出す―

「一生生徒」
吉永小百合

自分に自信があると、物事がうまくいく確率が格段に上がります。これは仕事にも、恋愛にも、人間関係にも言えること。では「**自信**」とはいったいなんでしょう？　私が考える「自信」とは、「どう？　私ってすごいでしょ？」とか、「こんなに実績あるんです！　どうだ！」と人に見せつけたり、まわりに虚勢を張るものではありません。ひとことで言うと「**自信＝自分を信じる力**」のこと。

では、どうすれば自分を信じられるのでしょう。自分を信じて進んだ道を、誰のせいにもしない。自分に嘘をつかないで、常に自分の本音に正直に行動する。まわりになにを言われようと、自分の直感を信じて行動し、その結果を受け取る――この積み重ねが「自信」となっていくのです。

「自分に自信がない」と悩むなら、高額な占いやセラピー、セッションに行く前に、まずは目の前のことに真剣に取り組み、結果を出してみて。なにかひとつ結果を出せれば、自分を信頼でき、ますます自分を信じて進めるようになります。もし結果がいいものでなくても、そのトライ＆エラーも必ずあなたの血肉となります。いま自信満々に見える成功者たちも、そうやって「自信」を磨いてきたのです。

自分を信じられる力は**無敵**です。こつこつ積み重ねていきましょう。

MIND

LIST 12

自分の足で、しっかり立とう

—自分のほしい未来は、自分でつくる—

「助けてほしい」って
素直に言ってみて
化石のような男に
しがみつくのは、
リスクしかない
自分で自分を
幸せにしよう

「自分の足で立てば、人生は豊かになるの」
マーガレット・バーク＝ホワイト

これまで日本の経済、家庭を支えてきた「終身雇用制度」が崩壊寸前のいま、専業主婦が憧れの的だそうですね。でも、はっきり言って「好きなことで稼げる自分」になったほうが早いし、楽しいですよ♪

「男が稼いで、女が家を守る」というのはもはや旧時代の考え方。私のまわりの素敵な女性たちは、パートナーに家事を任せたり、ビジネスをサポートしてもらっている人も多いです。男性も女性もともに経済力を持ち、家事も子育てもシェアするというのが一般的になりつつありますね。男性が家庭を守り、女性が社会に出て働く「専業主夫」家庭も増えています。家事や育児が得意で生きがいを感じるなら、どちらが主婦（主夫）になってもいいでしょう。

競争社会を勝ち抜く「オレオレ肉食系」の男性は、もはや化石のような存在。調和や癒やし、母性を持った、いわゆる「草食系男性」のほうが、たくましくしなやかに生きる働く女子にはふさわしい気がします。ちなみに、私のいまのパートナーもそんな人。家事も子どもの世話も、私の世話も（笑）、嫌がらずにすすんでやってくれます。

しっかりと自分の芯を持ちつつ、しなやかにパートナーや家族の協力を得ながら、「自分のほしい未来は、自分でつくる」と腹を決めるのです。

» MIND «

LIST 13

自分の欲望に忠実に生きよう

―「こんなふうに生きたい！」という気持ちに素直になる―

望む未来は
すべて叶えよう
「妻だから」
「母親だから」……
役割を言い訳に
しないで

「なりたかった自分になるのに、遅すぎるということはない」
ジョージ・エリオット

MIND
COMMUNICATION
MONEY
LOVE&SEX
BEAUTY&FASHION
LIFE
FAMILY

私の好きな言葉に「**自分の欲望に忠実に生きる**」というものがあります。これは、私が大好きな作家、村上龍さんの初期の作品に登場する風俗嬢が言ったセリフです。十代の終わり頃にこの言葉に出合い、私の人生の指針がハッキリと定まりました。

私たちは肉体を持ってこの世に生きています。だから、自分の内側からあふれ出てくる望みを大切にし、それを素直に表現しながら――まさに「自分の欲望に忠実に」生きよう。**望むことを、すべて叶える生き方をしようと、そのときに固く心に決めたのでした。**

そのためには、けっして「**こんなことを望む自分は貪欲すぎる**」とか「**分不相応**」だとか思わないこと。「もう何歳だから」とか「こんなことするなんて恥ずかしいから」とか、まわりにどう思われるかも気にしない。「妻だから」「お母さんだから」と、世間に望まれる役割を最優先することはありません。

「**こんなふうに生きたい！**」と想いの通りに生きるのは、この恵まれた日本に生まれて、難しいことではありません。それより自分の内側から湧き出る想いを無視して、まわりから求められるそこそこの生き方をして、死ぬ間際に後悔したい？

自分の心の声に耳を傾け、湧き出る欲望に素直になりましょう。

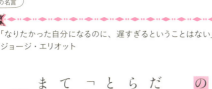

» MIND «

LIST 14

野望のススメ

―野望を持つことから、すべてが始まる―

「過去の自慢話しか、しない大人が多いじゃないですか。今、何をやるか。これから何をやれるか。何に面白がれるか。それしか素敵じゃないでしょ」桃井かおり

「**あなたの野望はなんですか?**」と聞かれて、あなたはすぐに答えられますか?

《野望を叶えられない無力な自分》を認識するのが怖いから、自分にたくさんブレーキをかけて、ちょっとがんばれば手が届くような夢だけしか、見ないようにしていませんか?

いま「野望を持ちなさい」とか言うと、特に若い人たちの中には拒否反応を示す人もいるそうですね。「いやいや、昔みたいに夢を見られる時代じゃないんですよ」と。

野望がない=現状維持希望? でも、よく考えてみてください。住んでいる場所も変えず、行きたい場所もなく、仕事でのステップアップも望まず、「**なにも変わらず、ずーっといまのままがいい」というのが、あなたの本当の願い?**

思えば、私の人生は野望の連続でした。前のパートナーと洋菓子店を出す(達成!)、自分の力で繁盛店をつくり上げる(達成!)、一軒家を建てる(達成!)、子どもをグローバルな人間に育てる(達成!)、そしていま、軽井沢に住む(達成!)。

野望があると、人は自然と、そこに向かって行動するようになります。逆に言えば、望まなければなにも叶いません。初めは、少し先の「**こうなったらいいな**」でOK。

野望を持つのに慣れたら、**あなたにしか持てない野望を大きくしていきましょう。**

» MIND «

LIST 15

右脳と左脳を使いわけよう

―仕事は男前モードでも、夜は甘え上手な女になろう―

働きすぎな人は、
いますぐ男性に
甘えよう
利き手じゃない手で
お箸を持つだけでも
やってみて

「男を、そういう魅力的な存在にするのは、実は女の働き、役目なのよ」
岡本敏子

「ハニーさんはどうして、バリバリ仕事をして結果を出しまくりながらも、女らしくいられるのですか？」というご質問にお答えしたいと思います♪
自分のことを「少女」と思っている私ですが（反論は受けつけません！ 笑）、仕事をするときには左脳バリバリ、論理的にビジネスを考える男性性の強い面があらわれます。だからと言って、いわゆる「オス化」はしません。ヒゲが生えたり、生理が止まったりといった経験もありません。男性性の部分でバリバリやっても、その後ちゃんと女に戻れるのはなぜか。私、実は両利きなんです。お箸は左手。ペンは両方で、字は右で、お絵かきは左手で。その他、ハサミやカナヅチなどは、その作業によって使いわけています。器用でしょ？ 右脳と左脳、女性性と男性性、両方ともフル活用しているんです。場面ごとに瞬間的にスイッチを切り替えて、オスモードで仕事しまくったあとも、夜は女の子になってダーリンに甘えるの♡
女性が本来持つ柔軟性をフル活用して、場面に合わせて女優になった気分で♪
いかなるときも女であることを大切に。さらに言うと、いくつになっても少女のように無邪気に、ピュアでいたい。目標は年齢を重ねてもかわいらしく、いつまでも艶っぽいマダムになることです。

» MIND «

LIST 16

「初めの一歩」を踏み出す勇気を持つ

―やるかやらないか、決めるのは自分―

「やらないで後悔」より
「まずやってみる」
どんな一歩でも、
大切な軌跡になる

「誰でも才能は持っている。稀なのは才能があなたを導いていく暗闇へとついていく勇気である」
エリカ・ヨング

これまで、仕事や毎日を生き抜くうえでの心構えのようなものをいろいろとお伝えしてきましたが、いちばん大切なことはなんでしょうか。それは、結局のところ、《やるかやらないかを決めるのは自分である》ということ。

私のもとには、さまざまなバックグラウンドを持つ方がいらっしゃいます。純粋にビジネスをしたい方。自分を表現する手段としてビジネスを選ぶ方。とにかくなにか素敵なことがしたい！　という方。

私はみなさんに「とりあえず、やってみましょう」とすすめます。その結果、残念ながらうまくいかない方もいます。でも、「やってみたかったことをやった経験」を得るだけでも、十分ではないかと思うのです。やらなければ、「あのときやっていれば」という思いを一生持ち続けることになります。

私のビジネスヒストリーは、もしかすると順風満帆に聞こえるかもしれませんが、平坦な道のりではありませんでした。ときには道に迷いながらも、一歩一歩歩いてきたからいまの私があるのです。

必要なのはあなたの内側からあふれ出る想いと、一歩踏み出す勇気。

そして「生きたい人生を生きる！」という決意だけです。

INVINCIBLE
BEAUTY

02

»COMMUNICATION«

コミュニケーション

甘え上手な人を見ると、心がざわつく――そんな人は、心の底では誰かに甘えたくてたまらないのかもしれませんね。

「人に頼れない人」が、増えているそうです。私も以前はそうでした。父の事業の破産という経験は、「絶対に成功者になる」という決意とともに、「人を信じることができない」という負のマインドも私に植えつけました。

そんな私が変われたのは、10年ほど前、突然の病いに倒れたときのこと。2週間生死の境をさまよい、奇跡的に意識を取り戻したものの、身体が思うように動かない。そんなときに助けてくれたのが、家族やスタッフのみんなでした。代わる代わる病室に来ては、私の世話をしてくれたのです。

その人たちの笑顔を見て、「ああ、私はもっと人を頼っていいんだ」と、心の底から理解しました。人に甘えることを自分に許した途端、すべてを自分でこなしていた頃よりも、物事がうまくまわり出しました。

私は、ひとりでいるときがいちばん好き。でも、その「ひとり」のまわりには、私を助けてくれる大切な人が何人もいます。

ひとりでいる気楽さを抱きしめつつ、誰かとゆるく、確かにつながっていく――そんな距離感が、理想です。

COMMUNICATION

LIST 17

「大好き」も「大嫌い」も受け入れよう

―― ファンが増えれば、アンチも増える ――

アンチがいるのは、
あなたが
輝いているから
心がざわついたら、
まずは深呼吸

「人は必ず誰かに好かれ、誰かに嫌われている」
曽野綾子

「大好き」って言われることが増えると、同じくらい「大嫌い」と言われることも増えます。光が強いと、その影も濃くなる。ファンが増えれば、アンチも増える。

幼い頃から私は、よくも悪くも目立ちました。小学生の頃、転校生として新しい学校へ行くと、教室の廊下に人だかりができる。プールの授業では、他のクラスの男子たちが金網に張りついて見学していたほど、男子にも注目を浴びていました。

女子特有の派閥には一切属さず、いつもひとりでマイワールドに没入。おとなしくしているのになぜか目立ち、一目置かれる存在になってしまうのが、幼いながら生きづらくて仕方がなかった……。

そんな私が大人になり、自分でビジネスをするようになってからやっと、このキャラ（個性）を自分の強みとして、肯定できるようになりました。私が私であること、それ自体がビジネスになる。だから、「大好きも大嫌いも同じように受け入れる！」と腹をくくったらラクになりましたし、ファンになってくださる方がさらに増えました。

すべての人に好かれるのは不可能。批判や嫉妬にあうのは、あなたが輝いている証拠。へこんだときはそう思ってください。

そして、どんなときも《世界一の、自分の味方》でいてね！

COMMUNICATION

LIST 18

マウンティングは必要ない

―「I am OK」は「You are OK」―

健全な自己愛とは、
他人を否定
しないこと
自分が
満たされていると、
相手も寛容に
受け入れられる

「不安や劣等感をプラスに変える唯一の方法は、集中力のある強い精神を身につけることです」
オードリー・ヘップバーン

「**自分ラブ**」がはなはだしすぎる人。自己愛が強すぎる人。そういう人と長時間一緒にいると、やたら疲れませんか？　先日、久々にそういうタイプのご婦人と一緒になって、魂を吸い取られたかと思うぐらいにヘトヘトになりました。

自己愛が強く、セルフイメージが高い人って、一見、「天真爛漫で無邪気で素敵！」とか、「すごいパワーを持っていそう」に見えて、お近づきになりたいと思わせる力があります。でも、今回ご一緒した女性がまさにそうだったのですが、その言葉や立ち居振る舞いのそこかしこが、**マウンティングの嵐**だったのです。

健全な自己愛やセルフイメージの高さは、幸せに生きるためにとても重要。ただ、本当の意味でそれができている人は、「**I am OK**」&「**You are OK**」と相手のことも素直に尊重することができるので、マウンティングの必要がないのです。「私はすごいの！（それに引き換えあなたは）」と、いちいち「どっちが上か」を示すのは、「私はぜんっぜん満たされていません！」と全身で表明しているようなもの。**そういう人とは、そーっと距離を置くのが賢明。**

自分をリスペクトして、相手も尊重する。本当の意味で自由なマインドを持っている人は、**相手の自由をも受容するもの**です。

CHAPTER.02

COMMUNICATION

LIST 19

群れない美学を貫こう

―まずはひとりで考え、ひとりで行動する―

突き抜けている人に、群れる人はいない
気乗りしないお付き合い、見直してみない？

「超然としてなさい」

高峰秀子

私には、「憧れのお方♡」がたくさんいます。

働き方はあのお方、ファッションはあのお方、いつか一緒に仕事をしたいあのお方、存在感はあのお方と、私の中に「憧れの人ストック集」があって、その集合体に、私自身のエッセンスをプラスした形が「なりたい理想の自分」。

私がお手本とする方たちの共通点は、「孤高の存在」であること。まわりでも、業種問わず、繁盛しているお店や会社の経営者は、ひとり残らず「Ｔｈｅ孤高」。

かく言う私も、群れとは無縁の人生です。

子どもの頃は、群れに馴染めない自分に本気で悩んでいました。群れることと、仲間を大切にしたり、まわりと共生したりすることは違います。孤高の人はどんな人にも温かく接するし、自分の持っている知識や情報を惜しみなくわけ与えています。

次のステージにステップアップしたいなら、まずは群れるのをやめてみて。そのお付き合い、本当に必要？　その飲み会は、有意義な時間になる？　いつものメンバーでの女子会しかり、ママ友ランチしかり。突き抜けている人は、群れてない。

「群れない」とは誰にも頼らないことではなく、しなやかに凛と存在して、自分と、自分の時間を大切にすることです。

COMMUNICATION

LIST 20

人をジャッジしない

―スルーするのも、立派なスキル―

スケールが
大きい人は、
他人を評価しない
人は変わらない。
相手を正そうとするのは
時間の無駄
人が気になるようなら、
目の前のことに
集中してみて

「あなたは、とどめを刺すやり方を覚えるのではなく、
相手をもてあそぶやり方を覚えて帰りなさい」上野千鶴子

「スケールの大きい人」に、なりたいと思っています。

あなたのまわりには、「あの人、スケールが大きいなぁ」という人がいますか？

「スケール」とは「物差し」のこと。スケールが大きい人は、他人をいちいち小さな物差しで計らない。

「あいつはニセモノ」とか、「自分はホンモノとしか付き合わない」なんて、口が裂けても言わない。真にスケールが大きい人は、人をいちいちジャッジしないのです。

お付き合いするうえでモヤッとしたり、「なんか違う」と思ったら、そっと離れればいいだけ。自分と違う考えやあり方は、ただ放っておけばいい。「ふぅ〜ん」ってスルーするか、あるいは「おお！　そうきたか！」と感心して「我が振り直せ」の教材にするとか。相手を正そうとしたり、変えようとすることは、はっきり言って時間とエネルギーの無駄遣いです。

もし、どうしても相手にバトルを吹っかけたくなるなら、あなたのスケールがまだまだ小さい証拠。でも、それもスケールを大きくする経験にはなりますが。

スケールが大きい人は、スルースキルが高い。自分に集中していると、他人のあり方が気にならないからです。

CHAPTER.02

COMMUNICATION

LIST 21

自分の資源を有効活用しよう

―「ぶりっ子」と言われても気にしない！―

誰かになるのではなくて、自分を最大限にいかすの
あなたの資源は、あなたにしかない宝物

「もし私のことを信じてくれる人がいるなら、私はどんな努力でもするわ」
ダイアナ・ロス

「ハニーさんは、かわいいしぐさや、かわいい服、優しい話し方が板についてて、いいですね～」とよく言われます。このセリフ、いまでは素直に受け取れますが、若いときはそうじゃありませんでした。

かわいいしぐさ＝ぶりっ子ポーズ、かわいい服＝年齢不相応な服、優しい話し方＝甘ったるい声、ってイヤミを言われているんだなとひねくれて受け取っていました。

子どもの頃からのことなので、「ぶりっ子」と言われるのは、さすがにもう慣れっこですが、若い頃は悩みました。「どうして神様は、私にこういうキャラクターを与えたんだろう？」と。

考えに考えた結果、「これを使って世渡りしなさい」ということだと思い、超有効活用することにして、いまに至ります（笑）。

「自分らしさを追求することで、野望を次々と叶えていくのが経営者」だとしたら、「私らしさ」そのものと言える見た目や、しぐさや、雰囲気は、独特であればあるほど、むしろそれは神様に与えてもらった「資源」なのだ、と。

「実物のハニーさんって、どんな方なんですか」って？

ぜひ一度、私に会いに来てください♡

CHAPTER.02

COMMUNICATION

LIST 22

自分が笑顔でいられることが最優先

―自分を中心に世界をまわせばいい！―

あなたが笑顔でいることが、まわりの人を心地よくするの
気遣いしすぎて、ため息をついてしまう人は要注意

「大きな舞台こそ、笑ってプレーする」
澤穂希

最近出席したパーティーで出会った、ある女性。笑顔を絶やさず、まわりの人に常に気配りをし、料理を取りわけたり、会話を振ったり。一緒に出席しているご主人が、そのパーティーの主役や他のゲストと会話できるよう、さりげなく気をまわしたり。出すぎず、地味すぎず、まさにパーフェクトな立ち居振る舞い。

でもその姿を見て、なんとも言えない違和感を感じたのです。「**この人、なんか幸せそうじゃない……**」と。その女性は、自分が楽しむよりも、とにかくまわりのことを優先していて、まったくリラックスしていなかったの。パーティーの終了後に、その女性がため息をついている姿が、ありありとイメージできてしまった。

この出会いを通じて、私は、「**まず私が、笑顔でいられることを最優先しよう！**」と改めて胸に誓いました。女性は、母、妻、女と、なんらかの「役割」を求められる場面がとても多い。でも、世間の型にハマる必要はありません。最強なのは「あの人はああいう人だから仕方ない」とあきらめられて（笑）、むしろまわりのほうが合わせてくれるポジション。そう、自分を中心に世界をまわせばいいんです！

自分が笑顔で心地よくいることで、まわりの人を心地よく笑顔にする。そんな存在でありたいと、心から思っています。

»COMMUNICATION«

LIST 23

出る杭になろう

―マイナスのエネルギーを、モチベーションアップの燃料に―

「私は、グラマーでセクシーであるという重荷を負わされることは苦にしないわ」
マリリン・モンロー

あなたがいまいる場所で、自分らしく輝き始めたとき、「**出る杭は打たれる**」を実感する場面があるでしょう。

私もこれまでたくさん経験しました。「ぬぉ〜〜舐めたらいかんぜよ！　ぜって〜見返してやる！」と眠れないほど悔しい思いをすること、いまでもありますよ。

批判や嫉妬、中傷の対象になれば、誰でも傷つきますし、消耗しますよね。

でも、そのすべてを**前進するためのエネルギーに変換**してきたからこそ、いまがある、と思っています。その方法とは、

①思いっきり悔しがって、とことん落ち込む。聖人君子じゃないんだから「悔しい〜いまに見ておれ！　いつかひれ伏せさせてやる！」ってとことん悪態もつく。

②「嫉妬、批判＝勲章」です。「あら、うらやましいのね」と思えばいい。話題にものぼらない存在でいるより、ずっと誇れることなのですから。

③落ち込んで、悪態つきまくったら、そのエネルギーを「そんなことを言われないくらいの場所に行ってやる！」と自分を奮起させる燃料にする。

批判や中傷は、「**さっさと次のステージに上がりなさい**」というお知らせなのです。

CHAPTER.02

COMMUNICATION

LIST 24

人のブログは読まない

―触れるのは、心の底から「素敵♡」と思える発信だけ―

人も物も情報も、
心地よいものだけを
選び抜いて
SNSの世界の
住人になって
いない?

「草木がなびくように人間も人になびくのではなく、自分らしく、自由に生きなさい。そのほうが楽しいんじゃない、人生」杉村春子

「キラキラしてて素敵。私もこんな生活を送りたい！」「この人のマインドが好き。見習わなきゃ！」なんて、いろいろなブログやFacebook、Instagramを毎日ハシゴするのが日課になっているあなた。自分を磨いているような気になっていませんか？

はい、それいますぐにやめましょう（笑）。情報収集という名のもとに、自分のエネルギーをだだ漏れにさせちゃってますよ！

確かに、人の発信する情報の中には有意義なものもあるし、「この人みたいになりたい！」と憧れる気持ちも、自分を高めるうえではとても大切。だから私は、「この世界観にいつも触れていたい」と、心から思える情報だけが目に触れるよう、Facebookのタイムラインをシンプルにしています。

その発信に「素敵だなー」「ブラボーー」と思わず言いたくなるような情報だけに触れること。自分の部屋を大好きなアイテムだけにしておくのと同じように、SNSで触れる情報も必要最低限にして、時間と自分のエネルギーを大切にしましょう。人のSNSを見るのも忘れるくらい、自分の生活がリアルに充実しているのが最強ですけどね。

COMMUNICATION

LIST 25

嫉妬を味方にしよう

―自分の魂が真に求めているものを知るチャンス―

「嫉妬」は
あなたの願望を
知るカギかも
「うらやましい」と
感じる気持ちを
否定しないで

「私って本当に不十分な人。そして、私はそういう自分を愛してる」
メグ・ライアン

嫉妬という感情は、誰もが持っているもの。私も、若い頃はずいぶん悩まされました。ネガティブに思われがちな感情ですが、嫉妬が起きたときは、自分が心からほしいと思っているものを明確にするチャンスです。

嫉妬が芽生えたら、それを感じた相手のどこに反応しているのか、自分の感情をよく観察しましょう。人は、興味がないものに嫉妬はしません。そのイラッとする相手が手にしているものを、自分は喉から手が出るほどほしいのだ！　ということを、まずは認めましょう。

次に、嫉妬を感じている自分を責めないでください。うらやましいという気持ちが起こるのは、それを手に入れられる可能性が自分にも十分にあるということ。まだ表現しきれていない自分の中の「輝き」と「可能性」を発見したのだと喜ぶべきです。

そして、少し難しいかもしれませんが、嫉妬を「賞賛」に変えてみましょう。だって、嫉妬してしまうほど素敵な人なんでしょう？　ファンになってみると、その素敵さの秘密が素直に見えてきます。いっそのこと、本人に直接近づいてみるのもいいでしょう。嫉妬は、自分の魂が真に求めているものを知るための「カギ」になります。

そのカギを使って、なりたい自分への扉を開けてみませんか？

COMMUNICATION

LIST 26

SNSでは、すべてを見せすぎない

—適度な距離感を持って使いこなそう—

自分が満たされると、「いいね！」をもらう必要がなくなる
「チラ見せ」くらいがちょうどいい♡

「振り返ると遅れちゃう。一歩進めるところが半歩になっちゃう」
島倉千代子

以前に比べて、SNSへの興味が薄くなりました。Facebookにログインする機会も、ブログを書く頻度も減り「毎日更新！」といったノルマを設けることはせず、書きたいことがあるときに書くというペースに落ち着いています。

はっきり言って、リアルに自分が満たされていると、SNSを見る時間はなくなります。

書き込みについても同じで、いちいち「○○ちゃんとランチ☆」とか「話題の××に来ました♪」と発表し、「いいね！」をもらう必要性を感じなくなるのです。

SNSは、壮大な自己承認欲求がうず巻く場所。「いいね！」をもらえると、なんだか自分が認められているような気がしてきます。だからといって、「いいね！」ほしさに、誰かと楽しく過ごしているときも、「どんなふうに記事を書こうか」「どんな写真がSNS映えするか」とSNSのことばかり考えているのは本末転倒。

自己表現やビジネスの手段として、SNSはいまや欠かせないものですが、適度な距離を持って使うように心がけましょう。自分の気持ちや出かけた場所をすべて発表するような使い方より、想像の余地を残しておくぐらいのほうが魅力的に見えます。

見せすぎより、「**チラ見せ**」がセクシー♡

ちょうどいい露出加減を目指しましょうね♪

COMMUNICATION

LIST 27

笑顔をやめてみよう

―笑いたいときだけ笑えばいい―

いろいろな感情、
表情のある自分を
受け入れて
笑顔の仮面、
かぶってない？
心から笑いたいとき
だけ笑おう

「もっと自分をさらさなきゃ、なにも始まらないわよ」
岡本敏子

いつも明るく、太陽のような笑顔。悩みなんかなさそうで、一緒にいるとこちらまで元気になってしまう！——そんな女性に誰しも憧れますよね。ですが……向上心旺盛で意識の高いあなた、「**いつでも笑顔教**」に洗脳されていませんか？

人間は、思わず笑顔になってしまうようなポジティブな気持ち以外にも、怒り、悲しさ、悔しさ、寂しさ、苦しさ、いろいろな感情があります。

1日中笑顔でいられる日もあれば、1日のうちにいろんな感情が押し寄せる日もあるでしょう。そういう意味では、いつでも笑顔でいるというのは、人間にとってある意味で不自然なこととも言えます。

私自身がそうだったからよくわかるのですが、**常に笑顔の人というのは、確実にそれ以外の感情を内に秘めています。**幼い頃、両親に笑っていてほしくて身についた笑顔の仮面。大人になってから、疲れていても、まわりの人やお店の店員さんにまで愛想を振りまく……それが「いつでも笑顔教」です。

常に笑顔じゃなくても、あなたの素晴らしさは損なわれません。**心から笑いたいときだけ、心からの笑顔でいてください。**本当の感情と表情が違っていると、口角だけでなく、心も疲れちゃいますよ。

COMMUNICATION

LIST 28

家族の呪縛から逃れよう

―家族は、広い世界を一緒に旅する仲間―

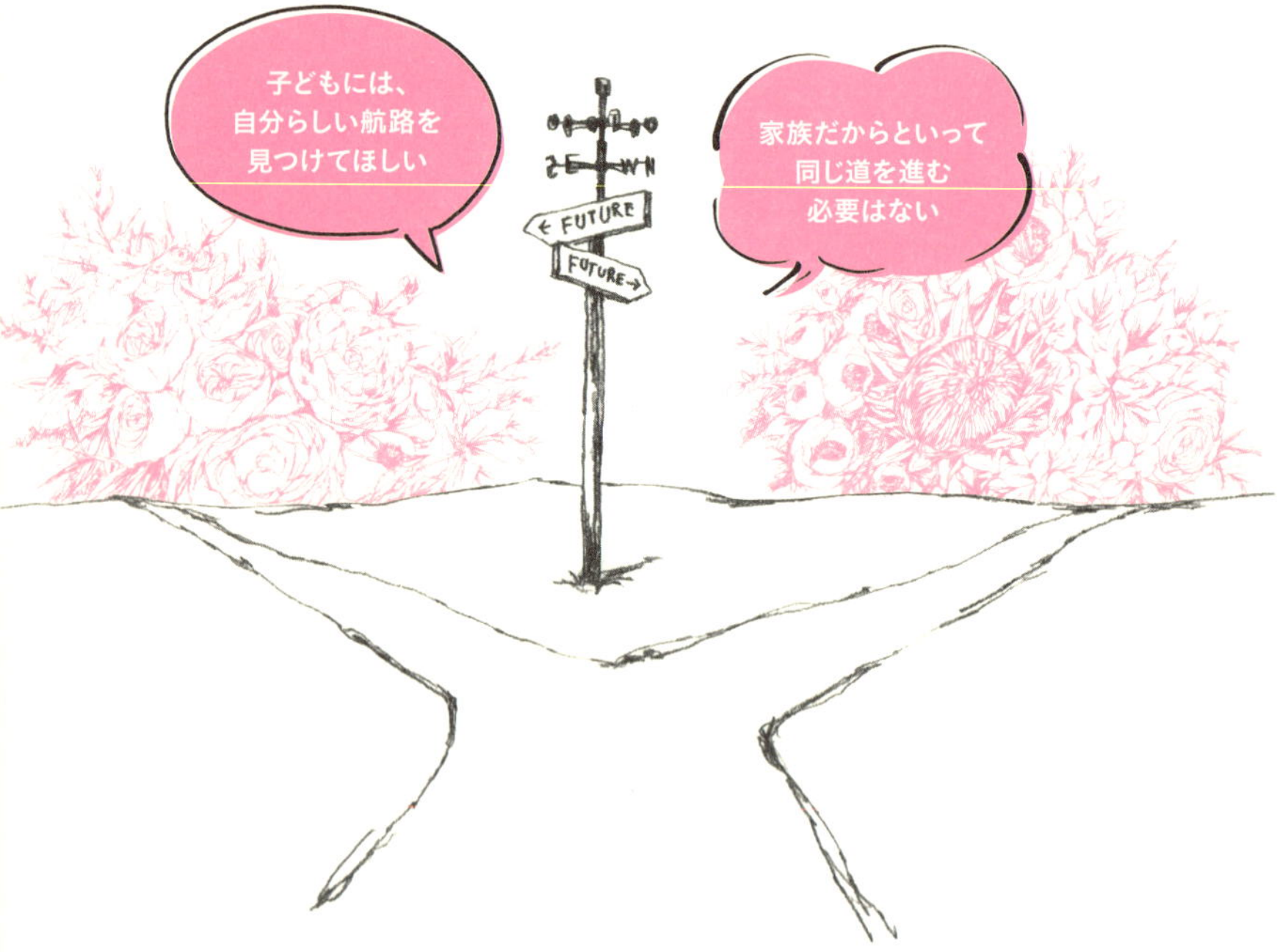
子どもには、
自分らしい航路を
見つけてほしい
家族だからといって
同じ道を進む
必要はない
FUTURE
FUTURE

「人間はいろんな面を持っている、複雑なものを抱えている人のほうが面白い」
岸恵子

子どもの頃の私にとって母は、まるで看守のような存在でした。専業主婦で教育熱心。とても支配的な母にピアノ、お琴、習字、お絵描きといろいろなお稽古ごとをやらされましたが、強要されるのがなにより苦手な私は、なにひとつモノにはなりませんでした。

詳しくは後の章で話しますが、私の子育ては、**母を反面教師**にしています。家族であっても、その前に人間同士なわけですから、当然、合う・合わないはあります。私と母は、合わなかったのでしょう。

私にとって家族のイメージは、広い世界を一緒に旅する仲間として、同じ船に乗っている、というもの。目的地が同じなら一緒の船に乗ればいいし、違う場所へ行きたくなったら、夫婦であっても、親子であっても、船を降りて違う航路に向かえばいい。

いつか独立する子どもには、目指したい航路の見つけ方、自分らしく楽しい航海にする方法を、親自身の生き方で見せることができたら、という思いで子育てをしてきました。

人生という一度きりの航海。戸籍や血縁に縛られることなく、自由に乗組員を変えたり、船を降りたりしてもいいのです。

CHAPTER.02

COMMUNICATION

LIST 29

ママ友はいらない

―ママ同士の輪の中では、浮いているぐらいがちょうどいい―

がんじがらめの親の態度は、子どもに伝わる
間違っても、「子どものために」なんて言わないで
「母」という役割より「私」を優先させて

「すべての規則に従えば、すべての楽しみを奪われるだろう」
キャサリン・ヘップバーン

お子さんがいる女性の「ママ友問題」。それはまぁ、よく耳にします。不思議なのですが……ママ友って必要ですか？　私は3人の子育てをする中で、ママ友ができたことがないの（笑）。同い年、同じ地域のママである、ってことでのつながりに、こだわる必要はまったくないと思います。

親が無理して輪に入らなくても、子どもは勝手に友達をつくるから大丈夫。

こんな私の姿勢は、知らないうちに伝わってしまうんでしょうね。娘と上の息子が小学校に通っている間、PTAの役員を一度もせずに終わりました。たいていひとり1回はすることになっているので、最後の年に思い切って「あのぅ、私まだやっていないんですけど……」と手を挙げたのですが、なんと「大丈夫です！」と断られてしまいました（笑）。ラッキーだった私の武勇伝♪

「できる母」なんて目指さなくていい。親がまわりの顔色をうかがっていると、子どもにまで伝染してしまいます。

狭いママ友ワールドなんて捨ててしまえばいい。

母である以前に「私」の世界を充実させていれば、地域や年齢を越えた仲間に巡り合えますよ。

COMMUNICATION

LIST 30

プレゼントは、あげたいときにあげよう

―儀礼的な交流は排除し、気持ちでつながる―

大切な人とは、形式ばらなくても信頼関係が築ける
あげたいときに、あげたい人にだけ
儀礼、義理、見返りはNG！

「強い愛は分け隔てをしません。ただ与えるものなのです」
マザー・テレサ

「知人のお誕生日は忘れずにメモしていて、毎年ささやかなプレゼントを贈っています」なんて言えたら素敵ですが、一切やっていません（笑）。自分の誕生日も、メッセージをいただくのが申し訳ない（面倒くさい）ので、Ｆａｃｅｂｏｏｋやブログからも、誕生日の記述を削除してしまいました。誕生日に大量のコメントをもらって、それに一つひとつ返信している人を見ると、「大変そうだなぁ」と思ってしまいます。**儀礼的なことはなるべく排除**したいので、もちろん年賀状も送りません。お中元やお歳暮もなし。**本当に大好きな人とは、そのような形式的な交流がなくても、つながっていられると思います。**

誰かを訪問する際に、手土産を持参するのは好きです。それは、「こんなにおいしいもの、素敵なものがあったよ！」と純粋にお伝えしたいから。いまは、軽井沢でおいしいものを見つけたら、東京出張のときに持っていって、仕事相手の方にプレゼントしています。あと、買い物をしたときに、大切な人が好きそうなものを見つけたら買っておいて、会ったときにプレゼントすることも多いです。

私の贈り物のルールは、儀礼、義理、見返りを求める気持ちを込めないこと。

「自分がうれしいからプレゼントする」ことを、純粋に楽しむのです♪

CHAPTER.02

COMMUNICATION

LIST 31

自分の夢を発表しよう

―夢を表明し続けていると「そのとき」は突然訪れる―

あなたの
夢はなに?
書くだけじゃなくて、
恥ずかしがらず
口にしてみて

「時間はすべての人に平等やけど、違うのは密度だけ」
小篠綾子

「夢の日付を手帳に書き込む」というのが一時流行りましたね。私の場合は「**夢をドンドン発表**」しちゃいます。

昨年11月に、一家で軽井沢に引っ越しました。住む場所が決まったのは9月末。でも、春先から「私、年度内に軽井沢に引っ越すの」と会う人ごとに言い続けていました。まだ住む場所も決まっていないのに（笑）。夜な夜な不動産情報を検索するも、なかなかドンピシャな物件に巡り合えない。そんな日々がしばらく続いていました。

そのときは、突然訪れました。私の人生の師でもあるS先生のもとに久しぶりに伺うと、先生が突然「いまから軽井沢に行こう」とおっしゃったのです。ロールスロイスに乗せられて到着したのは、先生の所有する邸宅。スモールラグジュアリーホテルを買い取ってリノベーションを施し、先生好みのアンティーク家具や骨董品をあしらった、まさに上質な空間です。そのゴージャスさに目をクルクルさせていると、「ハニーちゃんはココに住んで仕事をするといいね」と先生がおっしゃるではありませんか！

住む場所が決まっていない頃から、**最高のタイミングで、最高の新天地**に出合うという確信だけはありましたが、まさにそれが実現。しかも、思っていた時期よりも、だいぶ早まるというおまけつき。口に出して表明し続けると、夢は叶うのです。

INVINCIBLE
BEAUTY

03

»MONEY«

お金

あなたは、お金と仲良くしていますか？
お金は、執着しすぎても、無頓着すぎてもダメ。ほどよい関係性を保つことが大切です。

私は「社長の娘」として、お金の苦労は知らずに育ちました。青春時代はバブル真っ只中。ヴィトンのバッグを持ち、ロレックスの腕時計をして高校に通っていました。
その頃の私にとって、お金は「自然にあるもの」でした。しかし、父の事業の破綻を機に、その価値観は一変。お金は「意志を持って稼ぐもの」となり、「二度とあんな思いをしたくない」という決意から、「お金を手に入れる人生」への航海が始まったのです。

幸いなことに、洋菓子店、エステサロン、ネイルサロン、アンチエイジング料理がコンセプトのレストランなど、手がけた事業は軒並み成功。17年におよぶ実業家人生は、常に「人がまだやっていないことで、世の中に求められること」を探し、いかに自分がワクワクできるかを追求し続けた日々でした。

人からの「ありがとう」が増えれば、お金はどんどん増えていきます。
お金は自由へのパスポート。お金は、自分を、そして、あなたのまわりを豊かにすることができる、とても素敵なツールなのです。

» MONEY «

LIST 32

お金持ちと付き合おう

—人生を変えたければ、付き合う人を変える—

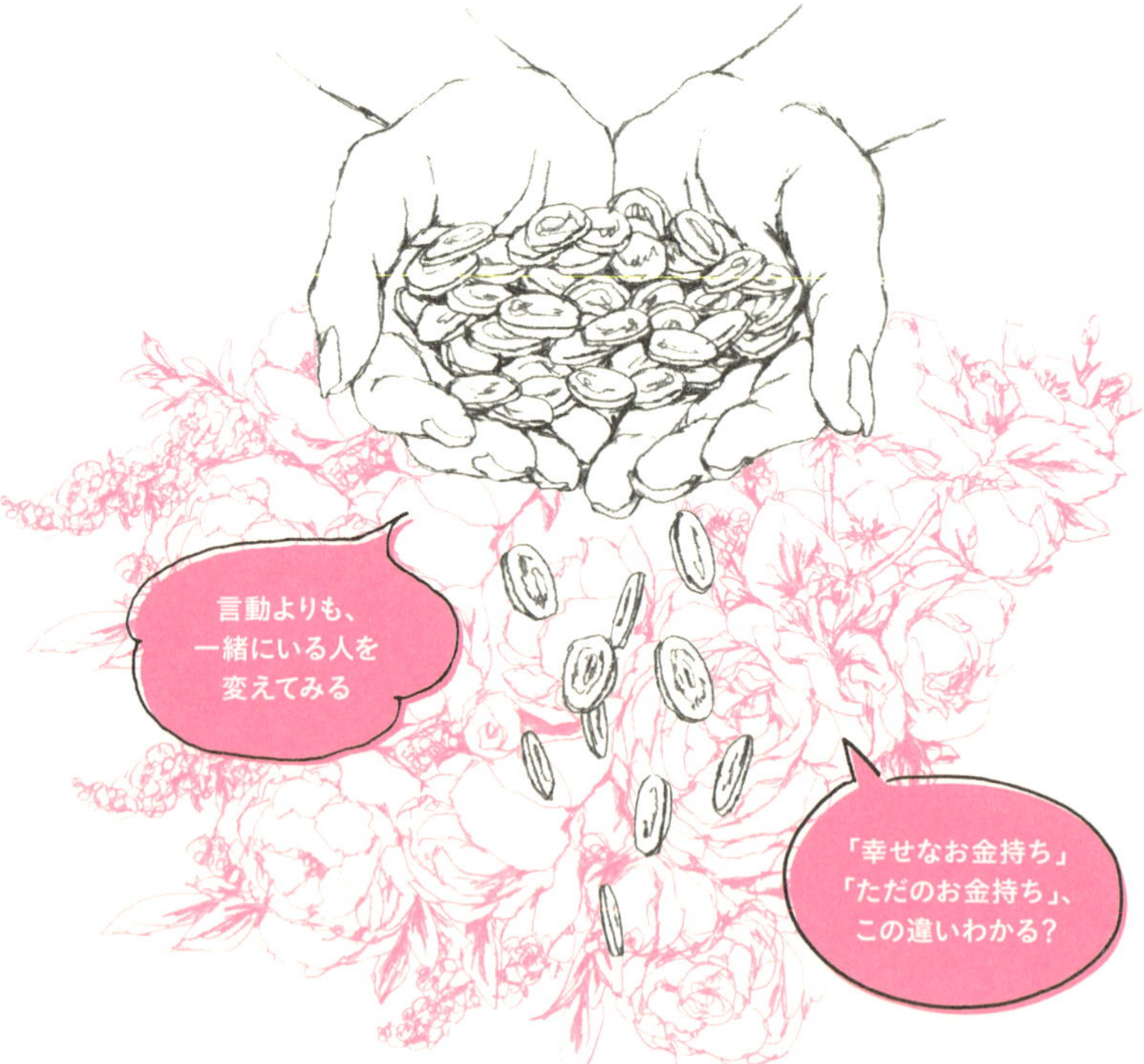
言動よりも、
一緒にいる人を
変えてみる
「幸せなお金持ち」
「ただのお金持ち」、
この違いわかる?

「お金って、つまり『人間関係』のことでもあるんだよ」
西原理恵子

20代の頃、2人の子どもを抱えて極貧生活を送ったこともある私です。化粧品を買う余裕すらなく、道端のドクダミを摘んで手づくり化粧水を使っていたのは、笑えない実話です。

最近では、以前なら会うことすらできなかったようなお金持ちの方とのご縁もいただくようになりました。実際に人と会うことほど、学びになる体験はありません。目指したいライフスタイルを叶えている「人生の先輩」からリアルに教えを受けるほど、自分がさらに磨かれていくことを感じます。

そんなありがたい環境で、私が発見した「幸せなお金持ちさん」の共通点とは、

①自分は超強運だ！ と思っている
②自分の成功が、まわりの幸せにつながると信じている
③そして実際に、まわりに豊かさをわけ与えている
④仕事が大好きで、心から楽しんでいる
⑤ビジネスやお金の話が好きで、本当にうれしそうに、楽しそうに語る

そんな彼らが共通しておっしゃるのが、「人生を変えたければ、付き合う人を選びなさい」ということ。ほとんどの方からお聞きするので、金言と言っていいでしょう。

»MONEY«

LIST 33

仕事を「幸せな時間」にする

—仕事は「楽しいから、やりたいからする」もの—

仕事を
しているとき、
ワクワクしてる？
「仕事＝遊び」
ですが、なにか？

「仕事には、全人格を注ぐ覚悟が必要」
草間彌生

仕事って、楽しくて、スリリングで、まるでゲームみたいだなって思います。

自分の得意なことで、人に喜ばれて「ありがとう！」って言われて。感謝されながらお金をいただけて。経験値が上がると、ポイントが貯まって、アイテムが増えて、どんどん新しい世界にステージアップしていく。そして、そのポイント＝お金は、人生の自由度と選択枠を広げる素敵な道具♪　楽しくないわけが、ないですよね。

起業したい、成功したいって人一倍思っているくせに、「でもガツガツしたくは、ないんです」っていう人がいます。そういう人は、いままで嫌いなことをたくさんガマンしてきて、仕事を「お金のために、大して好きじゃないことを人にやらされるもの」と定義しているのでしょう。仕事＝つらいこと。がんばる＝強制労働!?　そんな旧時代の価値観は、さっさと手放しませんか？

自分がワクワクするものに満たされると、仕事とプライベートの境界線が自然となくなります。仕事が遊びになり、プライベートが仕事になります。ガツガツしてるかどうかなんて、どうでもよくなります。仕事そのものが幸せ時間になるので、人生の幸福度も格段にアップ♪

今日から、仕事の定義を「楽しくて、やりたいからするもの」に変えましょう。

LIST 34

「お金を生み出すこと」に集中しよう

―稼げる人は、自分の時間をなにより大切にする―

「人脈づくりビンボー」
になってない？
お金も時間も、
レバレッジ効果で
膨らまそう

「おカネのほかになにを遺すか」
上野千鶴子

稼げる人と稼げない人の違いは、**時間の使い方**に顕著にあらわれます。

稼げない人はズバリ「お金にならないこと」にばかり時間を使って、いつも「忙しい」と言っています。「人脈づくりのため」と言って、どうでもいい付き合いに顔を出し続ける。高いお金を出して勉強しても、そこで得たスキルをなかなかお金に変えようとせず、次から次へとセミナーに参加し続ける……。あなたのまわりにもそういう人、いませんか？

一方、**稼げる人は、時間の使い方にメリハリをつけるのがとても上手**です。遊ぶときは思いっきり遊び、稼ぐときは徹底的に集中する。

そう、「**集中力**」が半端ではないというのは、稼げる人の共通点でもあります。

彼らは自分の時間をなによりも大切にするので、人間関係も厳選します。無駄にエネルギーを奪われないように、触れるメディアや情報源も絞ります。やることに優先順位をつけ、「**お金を生み出す仕組み**」をしっかり構築し続けます。時間が有限であることを意識し、**レバレッジ（テコの原理）**を利用して、自分の時間を積み重ねたものが「不労所得」となるようなワーキングスタイルを意識しています。

あなたが「忙しい」のはなぜですか？　いま一度ライフスタイルを見直しましょう。

»MONEY«

LIST 35

経営者脳を持とう

―人はみな、自分の人生の経営者―

やらされ仕事、
いつまで続けるの？
みんな
自分の人生の
経営者

「まずはドアを自分の手で開けることです」
樋口可南子

「どうか信じてついてきてください！　幸せにする自信はあります！」

まるで、プロポーズの言葉みたいですが（笑）。

ついてきてくれるスタッフやサポートしてくれる家族に対して、そう言い切れて、そう思い込めて、それだけの説得力があって、実際にそれを実現できるのが「経営者脳」だと思います。

お給料の分だけ働けばいいと、やらされ感で仕事をしているのが従業員脳。

いちばんの違いはやはり、自分がトップとして腹をくくれるかどうか。そこにつきると思います。

実は私は、これまで「起業したい」とか「社長になりたい」と強く思ったことはありません。

いわゆる実業家一族に生まれて、社長として仕事をする祖父や父を身近で見ているうちに、自然と「経営者脳」になったのでしょう。これは、実業家として生きる私の財産になりました。

人はみな、自分の人生の経営者でもあります。

自分の人生を主体的に生きることに、腹をくくりましょう。

»MONEY«

LIST 36

謙遜は、いらない

—いまのあなたにこそ、十分な価値と魅力がある—

仕事を
成功させたいなら、
まずは自分を
好きになって
私の料理は、
世界一おいしいの
あとは、
やるか、
やらないかだけ

「君はなんでそんなに幸せな環境にいるのに、やりたいことをやらないんだ？」
山口絵里子

「ビジネスや仕事で成果を上げる」ということは、自分の価値にまず気づいて、それを表現していくことでしかないと、私は思います。

もしあなたが「売れたい」「稼ぎたい」「仕事ができるようになりたい」と考える人であるならば、「自分なんて、まだまだ」なんて謙遜は1ミリも必要ありません。

だって、「ウチの料理は世界一うまいよ！　だって、俺がつくってるんだぜ？」と自信満々に言う料理人と、「上には上がいますから……自分なんてまだまだっす……」と口をモゴモゴさせながら言う料理人。

どちらのレストランに行きたいですか？　当然、前者ですよね。

いまの私にこそ、十分な価値や魅力がある。そう思えている人は売れるし、稼げる力があると言えます。ネットやSNSを通じて、誰もが発信者になれる時代だからこそ、才能や経験年数、資格やスキルはほとんど関係ありません。いまのあなたにふさわしいマーケットは、必ずつくり出せるんです。あとはやるか、やらないか。

自分を好きになればなるほど、自分を素晴らしいと思えば思うほど、ビジネスはうまくいく。それが、起業して17年以上経つ、私の結論です。

ビジネスをするうえで、謙遜はいりません。

» MONEY «

LIST 37

「ブランディング」の前に「ブランド」を

―まずは商品の価値や魅力を高めることに専念しよう―

アピールの前に、
自分の価値や
魅力を精一杯高めて
あなたの
ブランドはなに？

「どうすれば自分を幸せにできるのか、私は何をしているのが喜びなのかを考える」
大竹しのぶ

いまは**「個」の時代。**「○○に所属する○○さん」ではなく、「**○○さん（個人名）だから買う**」というのが、普通になってきています。そこで重要と言われるのがブランディング。

ブランディングとは、**自分の強みを発揮し、顧客にその価値をわかりやすい形で表現（ビジュアル化、言語化）**し、その表現したものを、いちばん必要としている人に届くように、**適切なツールを用いて発信すること**。

でも、そもそも、その発信の基となる個人やビジネスそのものが、本質的にいいものでなければ、どんなに素敵な言葉で飾ったとしても、すぐにそのメッキは剥がれてしまうし、その前に見抜かれてしまいます。だから、「よし、ブランディングしよう！」と思う前に、自分に問いかけてみて。「**そもそも自分は、ブランディングするに値する価値があるのか？**」って。

アピールすることだけを考えるのではなく、**まずはその価値や魅力を高めることに専念する。**自分をいかして、どんな商品やサービスを提供すれば、お客様が価値を感じてくださるのかを、じっくり考え抜くのです。

誰もが違う形で持つ「魅力」を存分に発揮すること。それがブランディングです。

CHAPTER.03

»MONEY«

LIST 38

女は働きすぎると、ブスになる

—きれいでいられる働き方をしよう—

肌荒れ、クマ、
髪の毛の傷み……
ホルモンバランス
乱れていない？
毎晩10分だけでも、
体をいたわる時間を
つくってみて

「男を待つ十分、二十分という時間は、女を飛躍的に美しくする」
林真理子

女は**働きすぎるとブス**になります。

ストレスや睡眠不足による肌荒れや目の下のクマ、髪の毛のパサつきなど、パッと見でわかる外見の劣化。さらには、体内ホルモンのバランスが変化し、オス化が進行するとも言われています。

ヒゲが生えてきた、男子中高生のようなニキビ、いつもと違う体臭などは、まさに、働きすぎてあなたの身体が「**オス**」になってきた証し。

そこであわててネイルやエステを施しても、それは付け焼刃でしかありません。大切なのは、働き方を根本的に見直すこと。

どうして働きすぎるハメになったのか。自分ひとりで抱え込みすぎてはいないか。不要な仕事にまで手を広げてはいないか。

自分の仕事を見直したり、誰かに任せたりするというのはなかなか難しいかもしれませんが、ぜひ一度試してみてください。まわりの人たちも、あなたにブスな顔してガリガリ仕事されるより、任されたほうがハッピーに働けるはずです。

ちなみに、働きすぎはブスになりますが、お金は稼ぎすぎてもブスになりません。

この違い、わかりますか？

»MONEY«

LIST 39

否定にひるむな

―全否定にブレないぐらいの確信が持てたら動こう―

外野の声が
気になるときは、
時期じゃないのかも
理想の仕事、
お客様、スタッフ……
ビジョンを具体的に
描いて

「自分を確立すれば、自由はいくらでも手に入るんです」
倍賞美津子

これまでに数々の事業を立ち上げ、**いずれも繁盛店に育てた私**（自画自賛！　笑）。

しかし、どのお店も、起業前には激しい反対、批判、非難――まさに「**全否定**」にあいました。「あなたが失敗して苦しむのを見たくない」とか、「二兎を追うものは一兎も得ず」とか、「ちょっと成功したからって、いい気になってスケベ根性を出すな」とか（すべて実際の言葉です）、それはさんざんな言われようでした。

家族、友人、同業者ならまだしも、顔も知らない人の「あの人もこう言ってたよ」という言葉までわざわざ伝わってきたり。「なんとかハニーを止めなくては！」と、知人たちで作戦会議が持たれたこともあったようです（あとから知りました）。

考えてみれば当たり前です。これから始めようとしていることは、誰にも見えないのだから。でも私にはいつも、始める前から、その事業が成功しているビジョン――**お客様の笑顔や、誇りを持って働くスタッフたちの姿――がリアルに浮かぶのです。**

他人の「そんなのダメだよ」の言葉にも動じないぐらいリアルにイメージできるようになれば、全否定されてブレることも、相手に怒りを感じることもなくなります。逆に、それほどの確信がないなら、そのチャレンジはするべきではないということ。**自分で確信が持てるなら、外野の説得は無視。あとは黙々と行動あるのみです！**

» MONEY «

LIST 40

お金はどんどん受け取ろう

―お金は「ありがとうポイント」―

あなたは
お金が好き？
「お金」＝「愛」
ありがたく受け取って、
使って愛の循環を

「自分の限界をつくっているのは自分だってことに、気づいてほしい」
大楠道代

「**お金がほしい**」という気持ちを、恥ずかしいと思っている人はいませんか？

全国の中学校や高校をまわって投資教育を行っている岡田和久氏によると、教室で「お金はきれいなものか、汚いものか？」と質問すると、**約8割の生徒が「汚い」**と答えるのだそうです。

これはまさに、日本の教育のたまものと言えるでしょう。もちろん、悪い意味で。学校で、お金そのものについて教わる機会はほとんどありませんし、家庭でも、子どもがお金に興味を示すと「卑しい」と言われたりして。せいぜい、お小遣い帳をつけるように促されるぐらいでしょうか。知らないから、怖いし、汚い。見ないで済むなら、見たくないというのが、一般的な日本人のお金に対する感覚と言えるでしょう。

お金は、けっして汚いものではありません。**自分の魂が喜んで、ワクワクして、時間を忘れるぐらい楽しいこと**――それが仕事。そして、その成果をワクワクしながら受け取ってくださった方（＝お客様）からいただける「**ありがとうポイント**」が、お金。それが本来の「仕事」と「お金」の形だと思います。

「**お金＝愛**」と言っても過言ではありません。**いただいたお金はどんどん受け取って、バンバン使って、世界中に愛を循環させていきましょう☆**

»MONEY«

LIST 41

フェラーリは、いらない

―分不相応をしたからこそわかる、本当に自分に必要なもの―

物欲が止まらない人は、
気が済むまで
買ってみて
「本当に必要なもの」
か「見栄なのか」
見極めよう

「大女優になるより、人間としていさぎよく生きたい」
夏目雅子

実は私、フェラーリオーナーだったことがあります！（笑）

血気盛んな前のパートナーが突然買ってきちゃったの。車好きな人だったので、それまでもプジョーにBMW、ポルシェ、アルファロメオといろんな輸入車に乗っていたけど……まさか、いきなりフェラーリを買ってくるとは！　忘れもしない、モデナの黄色でした。若さゆえのバカな行動だったけど、いま思えばいい経験でしたね。

ちなみに、いま乗っているのはメルセデス。いまの旦那さんは、前のパートナーと違って安定志向なので（笑）。初めは「いかにも」な感じに少し恥ずかしさを感じていたけど、乗ってみるとその安定感にすっかりファンになってしまい、いまでは2台目に愛乗中（軽井沢に移住して必要にかられてレンジローバーを買い足しました）。

最近は、物欲もなくなったな〜。ブランド物も一通り買って、なんだか気が済んだ（笑）。たくさん無駄遣いして、分不相応もしたからこそ、本当に自分に必要なものだけに囲まれて暮らしている、いまの自分がうれしい。

もし、物欲が止まらない！　という方は、お洋服でもジュエリーでも、気の済むまで買ってみたらいいと思う。そうすることで、自分にとってなにがいちばん大切なのか、きっと見えてくるはず。まあ、フェラーリまで買う必要はないけどね（笑）。

CHAPTER.03

MONEY

LIST 42

自由こそ、永遠なる安定

—自分の感性を羅針盤にする—

自由に変化していく人だけが、安定を手に入れられるの
自分を信頼できていれば、組織に属さなくたっていい
自分がどう感じるか、その感覚をもっと研ぎ澄まそう

「自分の血で描いているという思いがあります」
山崎豊子

あなたは**自由**と**安定**、どちらがお好きですか？　私は圧倒的に自由が好きです。もちろん、安定が好きという人がいてもいいと思います。それは好みの問題ですから。

「自由になりたい！　だけど、いまの安定を失うのが怖い」という声を、よく聞きます。でも、私に言わせてもらうと「**自由こそ、永遠なる安定**」なんですけどね。

自分の内なる衝動に従って、自由に自分や環境を変化させていくからこそ、安定した幸せが手に入るのだと思っています。

「自由業は不安定だよ」「安定した職業に就きなさい」「大きな会社に入れば一生安泰」とかいうのは、ある種の洗脳です。社会のパーツ＝部品を量産するために、長年にわたって、そういう教育がなされてきたわけです。

「自由＝安定」と思える度合いは、自分への信頼度のバロメーターでもあります。自分を信頼できていれば、社会や組織に属することによる安定に頼る必要はありません。「**自分がどう感じるか**」だけを基軸に行動する。自分にだけ依存するのです。

すべての物事は変化し続けます。世間一般でいうところの「安定」というものは、実は存在しないのです。変化のゆらぎのリズムを感じながら、自分の感覚だけを羅針盤にして、柔軟に変化し続けましょう。

CHAPTER.03

MONEY

LIST 43

誰かの傘下には入らない

―「人がやっていないこと」を選択しよう―

「だれかの二番煎じじゃなくて、自身の最高を目指した方がいいでしょ?」
ジュディ・ガーランド

空前の起業ブームと言われるようになって久しいですが、「起業したい!」という願望を持つ方にとって、「なんのビジネスにするか?」がまずは重要。趣味ではなくビジネスなら、「**収益を出すこと**」を考えて事業内容を選ぶのは当然のことです。

それなのになぜ、ちまたにあふれかえっていることをビジネスにしようとするのでしょう。最近驚いたのが、私のコンサルを受けに来てくださった方が4人連続で、同じスピリチュアル系の講座を受講し、それをビジネスにしたいと言ってきたこと。コンビニがたくさんある街にコンビニが参入しても、勝率は明らかに低いですよね?

いまは資格だけでなく、○○メソッド、××認定システム、△△協会システムなどさまざまなものがあふれていますね。でも、習ったまんま、その傘下で認定講師になって、協会に所属して……それでオンリーワンになれると思いますか? その「**傘**」以上の存在に、なれるでしょうか。

もし、あなたがこれからビジネスをするなら、「**人があまりやっていないこと**」を選択してください。そして、**誰かやなにかの傘下ではなく、ひとりで立つこと**。これは起業を目指す方だけでなく、仕事をするすべての人にも言えることです。**どんな仕事であっても、他と比較のしようがない価値やサービスを提供するのが理想です。**

»MONEY«

LIST 44

起業そのものを目的にしない

―本当に大切なのは起業してから―

自分の強みや
魅力を磨くことに
エネルギーを
起業・独立は
目的ではなく手段
交流会ジプシーに
なっていない?

「成功は誕生日みたいなもの。待ちに待った誕生日がきても、自分は何も変わらないでしょう?」
オードリー・ヘップバーン

ブログやFacebookなどをうまく活用すれば、スキルや実績を問わず、誰でも簡単に「起業家」になれちゃう時代。

名刺とブログを持っていて、起業家交流会に参加すれば、立派な起業家の誕生!

……って、これでいいのかな?

もちろん、起業して素晴らしい活躍をされている方もたくさんいます。でも、私が一時期参加していた起業家交流会などでお会いした方の中には、「ビジネスを成功させたい」という思いより、「起業家になること」が目的なのでは? とお見受けする方が、正直とても多かったのです。

資格取得にも、同じことが言えそうです。資格を取ること、そのものが目的になっている人が多い。本当に大切なのは「資格を取ったあとに、それをどういかすか」であるはずなのに。

はっきり言ってしまうと、起業に資格や認定○○といった看板は、必ずしもいりません。

安易な考えで資格取得に走るより、本当の自分の強み、魅力を発揮することにエネルギーを注ぐべきです。

LIST 45

「できない女」でいることを、自分に許そう

―すべてを自分で抱え込まないで―

「成長したかったら、遠慮しないで周囲に聞く」
澤穂希

19歳のとき、父の事業が立ち行かなくなり、倒産。父は失踪しました。その後始末をすることになったのは、長女である私でした。それまでの何不自由ない生活が急転、半狂乱になる母を尻目に、弁護士とともに借金清算に駆けずりまわりました。

このときから、私の「がんばる人生」が始まったのです。「誰も頼れない。私がやらなきゃ！」このマインドセットは強烈なものでした。立ち上げた事業が軌道に乗り、スタッフを雇用するようになっても、最後はすべて自分でやらないと気が済まない。

そんなとき、突然病いに倒れました。当時、娘は小4、上の息子は小3。ギラン・バレー症候群という難病で、2週間昏睡状態が続きました。奇跡的に意識を回復したあとは、スタッフや友人が順繰りに病室にやってきては、なにもできない私にごはんを食べさせてくれたり、マッサージをしてくれたりしました。

その人たちの姿を見て、素直に思えたのです。「私、頼っていいんだ」と。病いは身体の悲鳴であると同時に、「違う生き方もあるのでは？」という天からの知らせでもあったのでしょう。自分に「できない女でいる」ことを許すようになってからは、仕事の進め方も一変。「任せる」ことはスタッフの成長につながり、事業はさらなる成長局面を迎えることに。それは「できない女」になったからこそ見えた風景でした。

»MONEY«

LIST 46

「できること」と「得意なこと」を、切りわけよう

―やらずに済むなら、やらなくてOK―

あなたの
「得意なこと」
はなに？
全部をひとりで
背負うと、
まわりが疲れちゃう

「ロープの最後まできてしまったら、結び目をつくってしがみつくこと」
エレノア・ルーズベルト

いまでこそ、「ふんわりした、甘い雰囲気ですね♡」と言われることの多い私。でも、何年か前までの「ザ・経営者」の頃の私（できる女風のショートカット！）は、いまとは全然違う雰囲気でした。写真を見比べると、あまりの違いに、自分でもびっくりするくらいです。肩にズーンと力が入っているのが、一目でわかります。

その頃は、会社経営のすべてを、自分で掌握していないと気が済まなかったのです。新しいビジネスの仕組みを考えるという本来の仕事だけでなく、お金の管理や銀行との折衝、税務関係など、できなくはないけど、実は私が超苦手とする分野のことまで、「社長だから」と、全部ひとりでこなしていました。あまりに忙しすぎて、1日のうちに、お茶の1杯を飲む時間さえなかったほど。

「こんな生活をずっと続けるのかな……」と思っていたときに手を差し伸べてくれたのが、7歳年下、元サラリーマンのいまのパートナーでした。

「ハニーは背負いすぎ。得意なことだけやってればいいよ」と、私が苦手な経理や折衝関係の仕事を担ってくれるように。そこからは、一気にラクになりました。

「できること」であっても、やらずに済むならやらなくてOK。「好きなこと」「得意なこと」だけに集中できる環境をつくり上げましょう。

MONEY

LIST 47

手帳は持たない

―手帳のおかげで仕事ができるようにはならない―

女らしい
小ぶりなバッグに、
手帳は入らないしね
手帳に予定を
びっしり書いて、
仕事をした気に
なっていない？
SMALL
NOTES
lovely
day
M
BE
HAPPY

「私の人生を変えられるのは私だけよ。誰も私のためにそんなことやってくれないわ」
キャロル・バーネット

手帳、みなさんお好きですよね。年末に「来年はどの手帳にしようか」とお店を探しまわる人もいれば、長年「○○手帳」を愛用している人もいる。雑誌でも定期的に手帳術の特集が組まれますし、それだけで1冊の本になっていることさえあります。

実は私、あまり手帳を使ってません。持っていることは持っていますが、予定をちょこちょこ書き込む程度。

小ぶりなバッグのときは手帳が入らないので、使いそうな部分の何ページかだけをちぎって持っていくこともあります（笑）。ちなみに字も下手っぴなので、だいたいはパートナーが書いてくれます。

仕事ができる人やお金に恵まれている人は、手帳をうまく活用している――そんなイメージが定着しているように思いますが、「仕事」と「手帳」の間に相関性がないことは、冷静に考えてみればすぐにわかります。予定の把握や目標管理、メモ書きなどの目的が、スマホへのメモで果たせるのなら、手帳にこだわる必要はありません。

手帳術に時間管理術、○○ライフハック――これらはすべて「手段」にしかすぎません。これらを取り入れている自分を「できる女」と錯覚するのも楽しいですが（笑）。

思い当たるふしのある方は、来年の手帳はワンサイズ小さいものにしましょう♪

INVINCIBLE BEAUTY

04

»LOVE & SEX«

恋愛・セックス

いい恋愛、していますか？　いいセックス、していますか？
そもそも、「いい恋愛」「いいセックス」って、なんでしょう？

恋愛は、私の人生に欠かせない重要なエッセンスです。結婚も2回して、それ以外にもたくさんの恋愛をしてきました。私が私でいるための栄養と言ってもいいかもしれません。それはまさに、エステや旅行、ショッピングなんかよりもずっとワクワクする、とてもエキサイティングなアクティビティ。

セックスも、とても大切です。女性にとって、それは美の秘薬。愛される喜びを全身で感じることで、忙しい毎日の中で忘れがちな、女性としての原始的な本能を取り戻せるのです。

人間は、生まれたときはひとりです。だからこそ、他人に惹かれ、交わったり、喜びをわかち合ったりしたいと願うのでしょう。

30代、40代と年を重ねた女性にしかできない恋愛があります。いくつになっても、ときめいていいましょう♡
満ち足りた「恋愛」と「セックス」は、美を維持するための最良の美容液です。

LIST 48

女として、本能的に生きよう

―自分をとことん使うことで、すべてを手に入れる―

「自分のことがわからない」なんて人は、人生サボってきちゃったのかも
あなたが持っているものを全部、出し惜しみしないで

「恋の最初のきっかけは、信じられないくらいナンセンスなものです」
宇野千代

女性の三種の神器「お金」「愛」「美」。

このすべてを手に入れる方法を、ご存じですか？ シンプルに言うと、「女としての自分をとことん使う」ことにつきます。

一人ひとり顔が違うように、魅力や特性も、ひとつとして同じものはありません。持っていないものは使えないので、「あの人みたいに」を思い描いてもダメ。「自分だけが持つ資質」や「自分の魅力」をよく知っていることが、成功のカギになるのです。

「なにが得意で、なにが好きかわからない」なんて人は、いままで相当、人生をサボって生きてきちゃったということ。

自分の魅力や特性、資質、得意技がわかったら、ビジネス、パートナーシップ、人間関係と、どんな場面であっても、とことん使いましょう。言葉、身体、色気、甘え上手、料理上手、床上手（！）、女性はみんなそれぞれ武器を持っているはずです。女は、どう振る舞って、なにを選択したら、自分にとって最高の状況を手に入れることができるのかを、無意識に、直感的にわかってしまう生き物。

女として本能的に生きることで、その直感がさらに研ぎ澄まされ、ほしいものが手に入る流れへと自然に導かれていきます。

CHAPTER.04

LOVE & SEX

LIST 49

私を気持ちよくさせる男だけを選ぼう

―つくさないで、つくさせる―

女性は「太陽」。
自分を中心に
世界をまわして
「使える男」に
できるかどうかは、
あなたしだい♡

「わたし、おりこうな女になんてなりたくないわ。だって、恋に落ちたんですもの」
リリアン・ヘルマン

自分を幸せにしたいなら、「**私を気持ちよくさせる男だけを選ぶ！**」と決めましょう。もしくは「私を心地よくさせないなら、そんな男はいらない！」と。

「私を幸せにするものしか選ばない！」と前提を変えてしまうと――あら不思議！

あんなにボンクラ（失礼！　笑）だった旦那さま（もしくは彼）が、**あなたの幸せのためにクルクルと動き出す「使える男」に大変身します！**

あまりに使えない彼とは、離れる方向に動き出すでしょう。女性は元来、太陽なのだから、自分を中心に世界をまわせばいいんです。

ここで、とっておきをひとつ。パートナーに愛されすぎてしまう絶対法則――**それは、これっぽっちもつくさないこと。相手につくさせること。**「私の役に立たない男はいらないの。私が心地よく快適に生きられるように動いてね。私の幸せがあなたの幸せでしょ？　私と一緒にいられるだけで、あなたは世界一幸せな男だよね？　だから、もっと私の役に立ってね♡」。書いてみてびっくりしたけど、ゲスいですね（笑）。でも、これでいいんです。ウソだと思うなら、私のダーリンに聞いてみて。

ポイントは、**つくさないことに対して、一切罪悪感を持たないこと。**つくさない自分に、なんら疑問も不安も感じる必要はありません。

CHAPTER.04

LOVE&SEX

LIST 50

パートナーをヒーローのように扱おう

―― 褒めて、信じて、頼ること ――

お金に愛される人は、パートナーにも愛されてる
最近、「大好き」や「カッコイイ!」って伝えてる?

サンクチュアリ出版＝本を読まない人のための出版社

はじめまして。

サンクチュアリ出版 広報部の岩田です。

「本を読まない人のための出版社」…って、なんだソレ！って思いました？ ありがとうございます。

今から少しだけ自己紹介をさせて下さい。


今、本屋さんに行かない人たちが増えています。

ゲームにアニメ、LINEにfacebook…。

本屋さんに行かなくても、楽しめることはいっぱいあります。

でも、私たちは
「本には人生を変えてしまうほどのすごい力がある。」
そう信じています。

ふと立ち寄った本屋さんで運命の1冊に出会ってしまった時。

衝撃だとか感動だとか、そんな言葉じゃとても表現しきれない程、泣き出しそうな、叫び出しそうな、とんでもない喜びがあります。

この感覚を、ふだん本を読まない人にも
読む楽しさを忘れちゃった人にもいっぱい
味わって欲しい。
だから、私たちは他の出版社がやらない
自分たちだけのやり方で、時間と手間と
愛情をたくさん掛けながら、本を読む
ことの楽しさを伝えていけたらいいなと思っています。

「男は夢と寝たがるが、女は男としか寝ない」
太地喜和子

私が知る「幸せなお金持ちさん」はみんな、夫婦円満な方々ばかり。もちろん、私もね（笑）。愛情面で満たされていると、自然と豊かなあり方になり、パートナーの支えや励ましにより仕事もうまくいき、すべての領域で豊かさを受け取ることができる。ほら、「**笑う門には福来る**」「**金持ち喧嘩せず**」って言うでしょう？

パートナーシップをいいものにするために、私が心がけているのは「**優しい声で話しかける**」「**否定しない**」「**責めない**」の3つ。いまパートナーとうまくいっていないという人も、フリだけでもいいから、この3つを心がけてみてください。

次の段階は、**「『愛してる』『ありがとう』『大好き』をとにかく伝える」「魔法の言葉3S『すごーい！』『さすが！』『（あなたのココが）素敵！』と伝える」**。「カッコイイ！」も効きますよ（笑）。

これらはすべて、「**パートナーをスーパーヒーローとして扱う**」言葉です。私は自分をお姫さまとして扱ってほしいので、当然、パートナーにもスーパーヒーローでいてほしいと思っています。

そのためには、**褒めて、信じて、頼ること。**もっとお金に愛されたい、仕事をうまくいかせたいと考える人は、自分のパートナーシップを見直すことから始めましょう。

»LOVE & SEX«

LIST 51

男に頼れる女になろう

―「この女、俺のおかげで幸せそう」が男の幸せ―

「私を変えない男とは、一緒にいても意味がない」
佐野洋子

MIND
COMMUNICATION
MONEY
LOVE&SEX
BEAUTY&FASHION
LIFE
FAMILY

父の事業の破綻と失踪、そしてその尻拭いの経験が、その後の私の人生に大きな影響を与えたことは、すでにお伝えした通りです。

そのときにしたのが、「**女ひとりでも、絶対に金に困らない人生を送る**」という固い決心。この決意により、私の恋愛観も根本から変わってしまいました。

簡単に言うと、男性が信用できなくなってしまったのです。恋愛も結婚もしたけれど、どこかで男性をバカにしている自分がいた。表面上は尊敬しているそぶりをしても、「**女の（私の）ほうができる**」とタカをくくっていました。

この「**思い込み**」ともいえる恋愛観を矯正してくれたのが、いまのパートナーです。仕事に生活、すべてにおいて抱え込み、「ひとりで持たなきゃ」と思っていた重すぎる荷物を、半分以上持ってくれて、しかもうれしそうにしている。100％気兼ねなく「頼っていい」存在に初めて出会って、ようやく私の肩の力が抜けました。

「この女、俺のおかげで幸せそうだな」と思えるのが、男性にとってなによりの幸せなんだそうです。レディは、重い荷物は持たなくていい。**あなたの荷物を持つのが喜びである男性を従えて、軽々と生きましょう。**

もちろんかわいく「ありがとう♡」を伝えるのをお忘れなく。

CHAPTER.04

»LOVE & SEX«

LIST 52

たまにはかわいく、おねだりを

―素直に「買って♡」って口にしてみて―

物がいらない人は、旅行がいいかもね
「自分で買えるし！」と思った人は要注意

「贈り物をするということは、結婚するものだ」
ココ・シャネル

先日「もうすぐ誕生日だね。なにがほしい？」ってダーリンに言われて、いつも通り「なにもいらない……」って答えた私って、なんてかわいくない女（笑）。だって、男性がくれるプレゼントって的外れなものが多いし、気に入らないものをもらうとむしろ困るし……と思う私は、《元、かわいくない女》です。

でも、知ってた？　男の人って、「買って～～♡」っておねだりされるとうれしいんだって！

贈り物は、「あなたを大事に思っているよ」という、コミュニケーションのひとつ。愛情表現です。だから、「なにがほしい？」って聞かれたら、できるだけ素直に答えましょう。「買って♡」「お願い♡」っておねだりされると、頼られている感じがして、男の人はうれしいもの。

自立している女性には抵抗があるかもしれないけど、「ってか、自分で買えるし！」という気持ちをグッとこらえて（笑）、かわいく答えましょう。バッグやジュエリーがいらないなら、旅行をおねだりしてもいいかもね。

せっかくの愛の表現を、受け取り拒否して、ごめんねダーリン♡

さて、今度はなにをおねだりしようかな♪

CHAPTER.04

»LOVE & SEX«

LIST 53

いらない旦那なら、さっさと捨てれば？

―子どもを理由にして離婚しないなんて愚の骨頂―

「最初の結婚なんて、ミステイクに決まってますもの」
デヴィ・スカルノ

「旦那が気に入らないの。声を聞くだけでウンザリする！　でも、生活はどうしよう。離婚なんて、子どもがかわいそうだし。嫌でも、この先の人生、この男と生きていくなんてゾッとするわぁ……（以下悶々）」なーんていう相談を、よく受けます。

結論から言います。離婚しても、全然大丈夫です！

いまの世の中、女ひとりで自分と子どもを食べさせていく道はいくらでもある。江戸時代じゃあるまいし、離婚は恥にも傷にもなりはしません。

それから、離婚くらいで子どもが曲がるはずがない！　離婚経験者である私の娘と息子が、なによりの証拠。「かわいそう」と言って、別れられない理由にされているほうが、よっぽどかわいそうです。

自分の人生は、思い通りに自分でつくるもの。すなわち、イマイチな旦那と一緒にいる人の人生は、ずーっとイマイチなまま。生活のため、子どものため、生きていくため……そうやって言い訳して、もう好きでもない、むしろ嫌いな相手にしがみつくというのは愚の骨頂。命の無駄遣いとも呼べる行いです。

いらない旦那なら、さっさと捨ててシングルになってみれば？

あなたが想像しているより、世界は優しく愛に満ちているから。

LIST 54

理想の男をイメージしよう

—「こんな人に出会いたい！」と思い続ける—

イメージできない人に、
出会うことはできない
素敵な人との
出会いは、
神様からのプレゼント

「相手を知っていく過程には、よろこびもあるけれど、怯えも震えも悲しみもあるわけだ」
森瑤子

「ハニーさん、どうやったら理想の男性に出会えますか?」とよく聞かれます。

うーん、いい方法は……ありません!

だって、私の場合、「どうやったら出会えるかなー」なんて考える間もなく、いつも気づいたら出会っちゃってるんだもん(笑)。

これも、私が繰り返しお伝えしている「**想った通りの人生になる**」のひとつなんですよね。「どこで」とか「どんなふうに」出会えるかを画策するのではなく、とにかく「**こんな人に出会いたい!**」と理想像を強烈にイメージするんです。

ワクワクしながらイメージし続けていると、それは突然起こります。信頼できる人がたまたま紹介してくれたある男性が、まさに理想通りの人だった! なんてことが。それはまさに、「よくここまできたね。次の場所にレベルアップするときだよ」という、神様からのプレゼントなのです。

もし「理想の男がいな〜い」とブーたれてる女がいたら、それは「理想の男」にふさわしい女のレベルに達していないということ。

そもそも、「理想の男」ってなに?

それすら思い描けていない女に、「出会いがない」と愚痴る資格はありません。

LIST 55

40代でも「モテたい」と思っていい

―44歳にして、ガチ告白を受けちゃいました♡―

「若さの秘訣？ 愛されることよ」

マドンナ

MIND
COMMUNICATION
MONEY
LOVE&SEX
BEAUTY&FASHION
LIFE
FAMILY

ちょっと自慢させてください。私、44歳にして、**ガチの告白**を受けちゃいました♡
「初めて会ったときから一目惚れだった。浮ついた気持ちじゃなく、ずっとこの関係を大切にしたかったから、気持ちを伝えるつもりはなかったんだけど……」って。
この歳でこんな素敵な言葉をもらえるなんて思ってもいなかったから、ただただ、純粋にうれしかったです。

周囲も落ち着きだし、アラフォーの足音が聞こえてくるにつれ、恋愛の「れ」の字も忘れてしまったような生活になる日本の女性たち。愛憎劇場、嫉妬地獄、支配愛、奪う愛、身体だけの恋愛ごっこ。

私も含め（笑）、20代、30代であれほどさまざまな経験を積み重ねてきたみなさんなのに、それでいいの？ あの頃のトキメキやドキドキは、どこへ行ってしまったの？

愛をもらうって、本当に素敵なこと。強くなれるし、美しくなれるし、勇気が湧いてくる。

久々にガチの告白を受けて、あの頃の気持ちを思い出した私なのでした。

40代でも、恋愛していいんです。「**モテたい**」って思っていいんです。

むしろ、数々の修羅場をくぐり抜けてきた経験があるからこそ、濁りのない、**純粋な愛**を慈しむことができるはず。

»LOVE&SEX«

LIST 56

キスは1日10回以上

―子どもたちの前でも、女であることを隠さない―

「愛するって、この世界で味わう最高の感覚よ」
ローレン・バコール

ある調査によると、配偶者・恋人・パートナーとのキスの頻度は、日本以外の5か国はいずれも1週間の平均回数が5回以上となったのに対して、日本人はわずか1・31回という結果が出たそうです。

また、6か国全体の平均では「ほぼ毎日」と回答した人が過半数を超えたのに対し、ほぼ毎日キスをする日本人はたったの12%。ええー!? 信じられない!!

超ラブラブ夫婦として有名な我が家ですが、スキンシップの頻度も欧米人並みなんだな(笑)。試しに、我々夫婦の1日のキス回数を数えてみたら、**最低でも10回以上**はしている感じでした。途中で数えるのが面倒になってやめちゃったので、あいまいな数字でゴメンナサイね(笑)。

子どもたちの前でも、ハグやチュー、してますよ。子どもの前でも、女である自分をなにひとつ隠しません。長男が小さかった頃なんて、前のパートナーVS長男で、どっちが私と寝るかを争ってた。「俺の女なんだから、お前どけ!」とか言って、まだ小さな息子を脇にどかしたりして(笑)。

子どもたちの前でもイチャイチャすることが、自然な性教育にもつながると思っていますよ。

»LOVE&SEX«

LIST 57

セックスをするための旅行に行こう

―女の本能を満たして美しくなる―

「私は正気を失うほどに人を愛してきた。正気を失うほど愛さないと愛を実感できなかったから」
フランソワーズ・サガン

1シーズンに1回程度、末っ子を上の子どもたちにお願いして、ダーリンと2人きりでプチ旅行に出かけることにしています。

なぜかって？　だって、子連れだと思う存分夫婦のラブラブに集中できないでしょ（笑）。夫婦旅行の目的は、夫婦のスキンシップ、つまりセックスを楽しむため。それがメインです（キッパリ）。もちろん、そのシチュエーションを盛り上げるための高級旅館、贅沢なお料理、温泉などもバッチリ堪能しますけどね。

人間の三大欲求である「食欲、睡眠欲、性欲」。なのに、この中の「性欲」だけが不当に低い扱いを受けていると思いませんか？

「食生活を大切にしています」「質のいい睡眠を取るように心がけています」と言う人はいても、堂々と「幸せのために、性生活の充実を心がけています」「気持ちいいセックスは、私の美容と健康に欠かせません」と言えるのは……日本人だと、叶恭子さんぐらい？（笑）

自分の身体と、パートナーの身体を満たすことで、愛や喜び、幸せを実感することにつながります。事実、ラブラブ旅行のあとは「なにかいいことありましたか？」「ハッピーオーラがあふれてますね！」とお褒めいただくことも多いんですよ♡

LIST 58

感じることに集中しよう

―明日のことを考えるのは、朝起きてから―

五感を研ぎ澄まし
ながら、全身で
感じてみて♡
セックスしながら、
明日の献立を
考えていない？

「女は男によってひらかれる。それが私の実感」
岡本敏子

セックスは、大人の女性の美と健康にとって、とても大切なこと。アンチエイジングの秘薬であり、生死にかかわるくらいに重要だと、私は思っています。

昔の人は、夜は「寝るか、ヤるか」だったそうですよ。明かりがないから本も読めないし、当然、テレビもスマホもない。健康的な娯楽ですね。

セックスは全身の運動になりますし、普段使っていない股関節のあたりも存分に動かします。

それは、女性の感性を呼び覚ますのに大切な動き。仕事しすぎたり、精神的に無理しすぎたりする普段の生活で失われがちな本能――女としての原始的なものを、一瞬にして取り戻すことができるのです。

セックスの最中、「痛いんですけど」「まだ終わらないかしら」「明日の献立はなににしよう」(!・)とか、別のことを考えるというのは「女性のセックスあるある」だと思うけど、自分の身体の感覚に集中し、その時間を存分にエンジョイしてね♡

五感を研ぎ澄まして、よりダイナミックに、よりエロティックに。

明日の仕事や家事の段取りを考えるのは、朝起きてからにしましょう♪

CHAPTER.04

LOVE&SEX

LIST 59

オーガズムを感じて本能を目覚めさせよう

—女だけが感じる快感を大切に—

パートナーがいてもいなくても、大切なこと
女だけが感じる気持ちよさを堪能して

「男の人って、女にとってはやっぱりわからない生き物で、ちょっと知りたいでしょ？」
桃井かおり

突然ですが、「**ひとりエッチ**」してますか？

……いきなりで、驚きましたよね。昔に比べればだいぶオープンになりましたが、まだまだタブー感の強いテーマ。女子会トークでも、セックスのことはあけすけに話したとしても、ひとりエッチの会話に花が咲くことは、ほとんどありません。

私は、してますよ。はい、昨日もしました。「最近してないから、ちょっとやっておこうかな」みたいな感覚です（笑）。

女の本能をいかすうえで、女性の快感はとても大切です。私も大好きな「**子宮委員長はる**」ちゃんのおかげで、その重要性はだいぶ認知されるようになってきたものの、それでもまだ、その重要性に気づいていない人が多い。せっかく女性に生まれたのに、女性だけが感じる気持ちよさを味わっていないなんて、もったいない（笑）。

もしいまパートナーがいなくても、ひとりエッチでオーガズムを感じるだけでも、女性としての感覚は取り戻せます。パートナーがいる人も、セックスのときにオーガズムを感じやすくなる身体づくりにも役立ちます。また、メイクやファッションでは演出できない**色気を醸し出す効果**もあります。**健康的なお色気あふれる美人を目指して、あなたの中の「女」を満たしてあげましょう。**

»LOVE & SEX«

LIST 60

好きなセクシー女優を見つけよう

— AVを見るのは、恥ずかしいことじゃない！—

「食欲、睡眠欲、性欲」は人間の三大欲求
エロティックな感性を磨こう

「恋愛は苦行よ。苦行じゃない恋に意味ある？」
江波杏子

前項でひとりエッチの重要性をお伝えしましたが、私がこの話をすると、大抵「オカズはなんですか？」と聞かれます（笑）。

私の場合は、だいたい映像ですね。そう、いわゆるAVです。

いまは、女性向けの作品もたくさんあります。「エロメン」と呼ばれるイケメン男優に、女性がお姫様のように扱われたりするんだとか。

「女性にも性欲があって、それは全然恥ずかしいものじゃない」というのが、一般的にも認知されるようになってきたということでしょうか。

喜ばしい限りですね！

イケメンが出演している女性向け作品ももちろん素晴らしいのですが、きれいな女の人を見るのが好き（笑）な私は断然、男性向けのAVのほうが好み。

特に、風間ゆみさんという熟女女優さんに首ったけなんです♡

肉感的なボディがたまらないのはもちろん、切ない表情や、レズやSMなどのハードなものまでこなすプロの女優魂に、胸がキューンとしてしまうのです♡

年齢を重ねるごとに、女として成熟しセクシーに生きたいなら、AVを観賞してエロティックな感性を磨いてみては？

LOVE & SEX

LIST 61

枠にとらわれない恋愛をしよう

―自分にとって気持ちのよい恋愛を―

世界は広い！
思い込みを
外してみて
同性同士、
気を交換し合うのも
気持ちいい
「ポリアモリー」も
いいんじゃない？

「『不倫』などとわざわざつけなくても、恋は恋である」
森瑤子

セックスの重要性をお伝えしてきましたが、「**セックスレス＝悪**」とは思わないでくださいね。

手をつないだり、ハグやキスだけで十分満たされる人もいるでしょう。一緒に寝て、身体の一部がどこか触れ合っているだけで安心する、という関係性も素敵だと思います。私はしたい派ですが（笑）、そこは個人差があって当然。

パートナーと性欲の差が激しかったり、セックスレスであることが精神的、肉体的につらいなら「**外でする**」のも大いにアリだと思います。そのことをお互いが認め合っている、という話もよく耳にしますし、最近は、複数の人と同時に交際する「ポリアモリー」という生き方も話題になりましたね。

それから「**男×女**」の組み合わせにこだわる必要はないとも思います。テレビには人気オネエタレントさんがあふれていますし、LGBTへの理解も、以前に比べてだいぶ進みました。実は、私も**バイセクシャル**です。行為を通じて気を交換し合うという意味では、男女とのそれとなんら変わりありません。

世界は、思った以上に自由です。思い込みを外して、セクシャルな回路を解放しましょう。

LIST 62

必要な男は、何人従えてもいい

— パートナーにすべてを求めない —

パートナーに
全役割を求める
ほうが大変
義務や束縛がない
関係もいいものよ
ひとりの男性に
依存しすぎない

「愛とは信頼。人を愛するときは完全に信じることよ」
マリリン・モンロー

バブル時代を揶揄するときによく登場する「**メッシー君**」とか「**アッシー君**」とかいう言葉。若い方はご存じないかもしれませんね。「メッシー君」は、ごはんをご馳走してくれる「だけ」の男。「アッシー君」は、送り迎えしてくれる「だけ」の男。そこに、カップルのような義務や束縛は存在しません。お腹が空いたとき、タクシーがつかまらないときに気軽に呼び出し、セックスもせずにサヨウナラ。ボディコン服に身を包んだバブル期のイケイケ女は、こうした**「役割別」の男**をたくさん従えていたのです。

いまでこそ嘲笑のネタにされているメッシー君、アッシー君ですが、私は大賛成です。むしろ、ひとりの男性にすべての役割を求めるほうが、ナンセンスだと思いませんか？

パートナーは、**仕事や家庭を運営**していくうえで、さらに**精神的な安定**という意味で、もはや私の人生に欠かせない存在です。でもそれとは別に、**趣味**や**ビジネス**の話がとことん合い、深い絆を感じているボーイフレンドもいます。その他に、**身体の相性**がめちゃくちゃ合う相手がほしいな、なんて思っています（笑）。

パートナーにすべてを求めず、自分の幸せのために必要な男は何人でも従えましょう。

LIST 63

等身大の私でモテよう

―お腹のぜい肉も二の腕のぷるぷるも気にしない―

自分の「持ち物」
でしか勝負は
できない
いまのあなたを
肯定してみて

「わたし、あなたが好きよ、と真っ直ぐにその人の眼を見て言ってごらんなさい」
宇野千代

「あと何キロやせたら」「ウエストがあと何センチ細くなったら」――そんな理想の自分になれたなら、あっという間にモテモテになって、彼氏ができて、バラ色の生活が待っているはず！　なんて思い描いている人はいませんか？

残念！　これまでに実現できなかったのなら、これからもやせることはないし、バラ色の生活が開けることもありません（笑）。

人は、自分の持っているものでしか勝負できません。引き締まったウエストや、ツンと上を向いた形のいい胸にいくら憧れても、ないものはない。だから、**持っている魅力**を最大限に使うしかない。

だから、現実を見るのです。ぷにぷにのお腹のお肉、ぷるぷるの二の腕。まん丸のほっぺた、小ぶりな胸。あなたが**ウィークポイントだと思っているかもしれないその部分、実はそのまんま全部、あなたの魅力**です。すべての男性が、モデルや芸能人のようなルックスを求めている訳ではないのです。

コンプレックスにがんじがらめになっている姿は、美しくありません。**等身大の自分を好きになり、自信を持って堂々と振る舞うと、女性はたちまち輝きを放ち始めます。**男性も運も、味方したくなるのはそんな女性です。

INVINCIBLE
BEAUTY

05

»BEAUTY&FASHION«

美容・ファッション

もっと華やかな顔立ちに生まれたかった……。
細身のボトムスが流行ると気が重くなる……。
もっと胸が大きければ、モテたかもしれないのに……。

自分の容姿をパーフェクトだと感じている人なんて、ほとんどいないと思います。完璧に見える美人女優さんだって、どこか気に入らない部分があるだろうし、美人ゆえの苦悩だってあるかもしれません。

私も、自分の顔やスタイル、雰囲気、声など、すべてにコンプレックスを感じながら少女時代を送っていました。「ぶりっ子」と言われて周囲から浮く日々は、とてもつらいものでした。

大人になった私は、決めました。どうせだったら、神様が与えてくださった「私」ということの存在を、とことん使い倒そう。この見た目をとことん磨いて、いかし切ってやろう、と。

もともと美容関係の事業で身を起こしただけあって、美容やファッションは大好き。自分に似合っていて、なおかつ、自分が心地よいアイテムや手法を厳選し、私らしさを追求。「水輝ハニー」という、どこにもいないキャラクターをつくりあげたのです。

人は、自分の持っているものでしか勝負できません。美容やファッションは、その素材をいかすために、女性だけが使うことのできる《魔法》なのです。

CHAPTER.05

BEAUTY&FASHION

LIST 64

かわいくなる勇気

―上質素材を選べば、若づくり感は消える―

いくつになっても、
かわいらしく、
やわらかく♡
ポイントはひとつ、
素材だけには
こだわろう

「自分を愛すれば、女の人は可愛くなれる」
大竹しのぶ

「いつもかわいらしいハニーさん♡」とよく言われます。だって私、**かわいくいるのが私の仕事！**と本気で思っていますから（笑）。

私がかわいくいれば、ダーリンをはじめ、まわりの人が喜んでくれる。かわいい女のほうが、仕事もプライベートも、なにかとうまくいく。だからいくつになっても、かわいいままでいたいのです。

ふわふわした素材や、ピンクや白などのやわらかい色が好きです。「年を取ると、そんな色着られません」という声もいただきますが、私の答えはただひとつ、「着たいなら、着ればいいじゃん！」です。かわいくいたいなら、臆せずにかわいい服を着ましょう！「○歳だからもっとシックなのを着なきゃ」なんて思わなくていいんです。

年齢を重ねた女性向けに、ポイントをひとつだけ。それは「**素材にはこだわろう**」ということ。40代になると、さすがに20代の頃に好きだったブランドのお洋服は似合わなくなってきます。同じようなテイストで、上質素材のものをうまく見つけてください。それだけで、若づくり感は一切消えるはずです。

女なら、たとえどんなに年齢を重ねても、かわいらしく、やわらかくいることは可能です。「**そうありたい**」と思う気持ちさえあれば。

» BEAUTY&FASHION «

LIST 65

憧れの人を真似てみよう

―まずは、純粋な気持ちで素直に賞賛―

素敵な人の言動を
観察して、
お手本にしてみよう
いつも見える
ところに飾るのも
おすすめ

「ひとりの人を理解するまでには、すくなくとも、一トンの塩をいっしょに舐めなければだめなのよ」
須賀敦子

あなたのまわりの、いつも幸せそうで、お金の巡りもよさそうで、キラキラ輝いている素敵な人。

その人を見てなにを思いますか？「私とは違う？」「あんなにうまくいくのは、陰でズルいことをしているからに違いない？」「もともと持っているものが違うから？」……なんて、もったいない！

素敵！あんなふうになりたい！と思う人を見かけたらぜひ、その人の素敵なところを「**賞賛**」してみましょう。**純粋な気持ちで観察してみると、いろいろ見えてくるはずです。**そのとき、自分とは違う素晴らしい面を見つけたとしても、比較して落ち込んだりしないでください。**ただ「素敵！」「こういう振る舞いだから成功してるんだ！」と、素直に賞賛すること。**

そして、どんなことでもいいのでその人を密かにお手本にして振る舞ってみるのです。「**ログセ**」とか、「**持ち物**」とか、そのデータの中にすぐに真似できるポイントはいくつもあるはず。

初めは真似にしかすぎませんが、その**憧れたポイント**がしだいにあなたそのものになっていくのに、そう時間はかからないでしょう。

BEAUTY&FASHION

LIST 66

お金をかけるなら口元に

—ブランドバッグを買うより先に、歯のケアを—

口元は財運に直結する
いったん本を閉じて、歯医者さんの予約を♡

「贅沢を貧乏の反対と考えている人がいます。でもそれは違います。
贅沢とは下品さの反対なのです」ココ・シャネル

「きれいになりたい！」と決意したなら、まず最初に**唇のケア**をしましょう。ガッサガサなままじゃ、どんなグロスを塗っても、余計にビンボーくさいですよ！　とりあえず、**メンタム**でも**ワセリン**でもいいから、塗ってパックしましょう。

理想は、唇に縦じわのない、プルっとツヤっとリップ♡　質のいい唇美容液をこまめに塗り塗りするだけでなれちゃいますから、ぜひお試しあれ。

そして、**もしあなたが仕事をうまくいかせたい、お金を稼ぎたいと思うなら、華やかなアクセサリーにこだわるよりも、まず歯医者さんに行ってください。**黄ばみ、茶ばんだ歯でどんな言葉を発したとしても、そこに価値を感じてもらえるかしら？

普通の町の歯科でいいので、とりあえず、虫歯チェックと歯のクリーニングを！　最近は審美歯科でなくても、歯のエステやホワイトニングを行っているクリニックも増えています。ちなみに、私が2か月に一度受けている歯のエステは、1回8000円～1万5000円くらい。そんなに高くはないでしょ？

あとは歯並び。欧米では宝石級の歯が「**セレブの証し**」らしいけど、実際、人は、歯並びでその人の品格を無意識に認識するそう。顔相でも「**口元は財をあらわす**」って言うんですって。あなたの口元、大丈夫ですか？

BEAUTY&FASHION

LIST 67

面倒くさい日は、スッピンで

—自分を思いっきり甘やかすのが、きれいへの近道—

マスクをしていれば
なんとかなるよ
リラックスモードの
超ゆるゆるデーを
つくろう

「私は年をとるのが楽しみだわ。ルックスが重視されなくなって、
自分は何者であるかが重要なことになりますから」スーザン・サランドン

急に寒くなった。外ではしとしと、冷たい雨が降っている。昨夜寝るのが遅くなっちゃって、生理前のモヤモヤ期まで重なってる。あーーめんどくさーーい！　メイクしたくなーーい！　……なーんて日が、たまにはありますよね。もちろん、私にだってありますよ。そんな日は、本当に1日「どスッピン」で過ごします。

お洋服も、思いっきりリラックスモードで、肌触りがいい癒やされる服にして。たとえばある日は、ブラパッド内蔵のリラックスワンピに、フワフワ素材のジェラートピケのパーカーを羽織って。超ゆるゆるファッションにして、自分を甘やかすの。

一応、オフィスには出勤するけど、面倒なことはスタッフに任せて、私はゴロリとお昼寝しながら、ブログを書いたり、ネットショッピングしたり。合間に、持ち込んだ美容グッズで、お肌の集中ケアしたり。すると、お天気も気分も最悪な日だったはずなのに、「あ〜今日も幸せ♡」なんて思えるから不思議です。

お勤めしている方だと、「どスッピン」は難しいのかもしれません。でも、思い切ってメイクを手抜きしてみるとか（いまは1年中マスクをしていても違和感ありませんしね）、とことん家事をサボってみるとか……。

ときには最高に「自分を甘やかす」日をつくるのが、きれいへの近道ですよ。

BEAUTY&FASHION

LIST 68

お花の色のお洋服しか着ない

―これからなりたい自分にふさわしい服を着る―

黒、紺、グレー
ばっかり着てない?

「心地よいか」

「似合っているか」

が基準

「『身なりは人を作る』と言いますが、衣装は私にとって、
失いがちな自信を与えてくれるものでもありました」オードリー・ヘップバーン

私のお洋服に関するポリシーは、**お花の色**を着ること。多いのは**白**や**ピンク**。お花が好きなのもありますが、なにより、こういう色が自分にいちばん似合うし、気分がアガるから。

逆に葉っぱや土の色、いわゆるアースカラーが、とにかく似合いません。先日もネイビーのワンピースを買ったのですが、帰ってきて着てみると、やっぱり全然しっくりこない。シルエットや素材はとても気に入ったのに、残念ながらタンスの肥やしとなってしまいそうです。襟がついていて、バリッとした雰囲気のお洋服も苦手ですね。

ちなみに、バリバリ社長業に邁進していた頃は、毎日黒を着ていました。パンツスタイルがメインだった時期もあります。当時はそれがよく似合っていたし、気持ちがアガり、仕事へのテンションを高めることができた（ＦＯＸＥＹの黒ワンピに感謝！）。でもステージが変わったいまは、黒は一切着なくなりました。

服を選ぶ基準。それは、第一に、着ていて自分が心地よいこと。第二に、華やかな気分になれること。

毎朝、漫然とお洋服を着るのではなく、気分がアガる《**これからなりたい自分が着る服**》を選びましょう。

BEAUTY&FASHION

LIST 69

自分をアゲる戦闘服を持とう

―ＦＯＸＥＹのワンピースで、背筋ピーン！―

まわりの目より、
自分が
「アガるかどうか」
あなたにとっての
戦闘服は？

「手に入れたいものにふさわしい服装さえしていれば、人生で欲しいものはなんでも手にすることができるわ」イデス・ヘッド

バリッバリの経営者だった頃の私は、毎日、**FOXEYのワンピース**に身を包み、自分をアゲていました。はたから見たら、「**ザ・女社長**」って感じだったかな（笑）。毎日着ることはなくなりましたが、それでもいまもいちばん好きなブランドであることは変わりません。

軽井沢に住み、登山にハマり、「おでかけワンピースよりも、アウトドアウエアがほしい！」と思うようになった私。でも、講演のお仕事など、自分が主役となるときに選ぶのは、やっぱりFOXEYのお洋服。着ると、背筋がピーンと伸びる感じ。普段のナチュラルモードから、一気にスイッチが入るのです。

絶対に失敗できないプレゼン、気になる彼との勝負のデート、長期間にわたって準備を重ねてきたお受験の面接など、女性が「**ここだけは譲れない！**」という局面を迎えたとき。身を包むものには、とことんこだわりましょう。「相手からどう思われるか」も重要ですが、それよりも意識してほしいのが、「自分の気持ちがアガるかどうか」。セルフイメージを上げてくれる上質な素材。自分をもっとも美しく見せてくれる色やデザイン。ここぞという戦地へ赴くための「勝負服」ならぬ「**戦闘服**」。高みを目指す女性なら、クローゼットに1着は持っていたいですね。

BEAUTY&FASHION

LIST 70

そのブランド、本当に好き？

―自分の感性で選んだものを身につけよう―

モンクレール、
無理して着てない？
「みんなが着ているから」
は禁止

「物事は型から入るのではなく、いつも中身からとらえるの」
キャスリン・ビグロー

いま、私は雑誌の類を一切読みません。○○が流行っているから、といって安易に取り入れることもない。この年齢になるまでたくさんの経験や失敗を通して、自分の好みや似合うテイストを確立したから、無駄な買い物をすることも少なくなりました。

成田に住んでいた頃、横浜の高級住宅街から越してきた女性が「成田に来て肩の力が抜けた！」と、本当にうれしそうにおっしゃっていました。なんでも、以前住んでいた街では「冬になると、**モンクレールを着ていないと恥ずかしい雰囲気**だった」んですって！　セレブママ雑誌『ＶＥＲＹ』の人気モデルさんの着用デザインを、競うようにその街のママたちが着ていたそうです。確かに、モンクレールのダウンは暖かいし、着心地も最高ですけど……。

その土地によって《集合意識》みたいなものがありますよね。特に、東京をはじめとした都会はその意識が強く、まるで強迫観念のように私たちを追い立てます。「この歳だからこのブランドを着なきゃ」「いまはこんなメイクが流行ってるから」「ママ友グループから浮かないようなテイストで」……考えただけで疲れちゃう。

「みんなが選ぶから」で決めると、自分の感性を鈍らせることになる。あくまでも自分の感覚で、本当に好きな物を選ぶことが、自分らしい生き方につながるのです。

BEAUTY&FASHION

LIST 71

アクセサリーはつけなくていい

—あなた自身の輝きで勝負しよう—

上質なピアスと
ネックレスが
一組あればいい
40代からは、
ジャラジャラつけない

「美しく着飾った女性よりも、素朴な女性の方が、男性をよくわかっているものよ」
キャサリン・ヘップバーン

私に会ったことがある方ならわかると思うのですが、私はアクセサリーをほとんどつけません。時々つけるのは、シンプルなピアス程度。首元も手首も、スッキリしたほうが好きです。結婚指輪もしていません。

「かわいいものが好き」と言うと、アクセサリー好きのように思われることが多いのですが、あまり持っていません。好きだった時期もありましたが、多くは手放してしまいました。

アクセサリーをジャラジャラつけるのって、若いうちはいいけど、アラフォーをすぎた途端、チープに見えると思いませんか?

私がいま大切に持っているのは、一粒ダイヤと一粒パールのピアス。パールのネックレス。

「たくさん持つ」時代を経て、「上質なものを大切に持つ」という結論に落ち着いたいまは、よほどのことがない限り、アクセサリーは買いません。男性からのプレゼントにも、おねだりしません(笑)。

あくまでもあなた自身の輝きが主役ですから、アクセサリーは、シンプルで上質なものを、少しだけ。

BEAUTY&FASHION

LIST 72

身体を締めつけない ランジェリーを身につけよう

―ノンワイヤーブラ＆ふんどしパンツで血の巡りをよく―

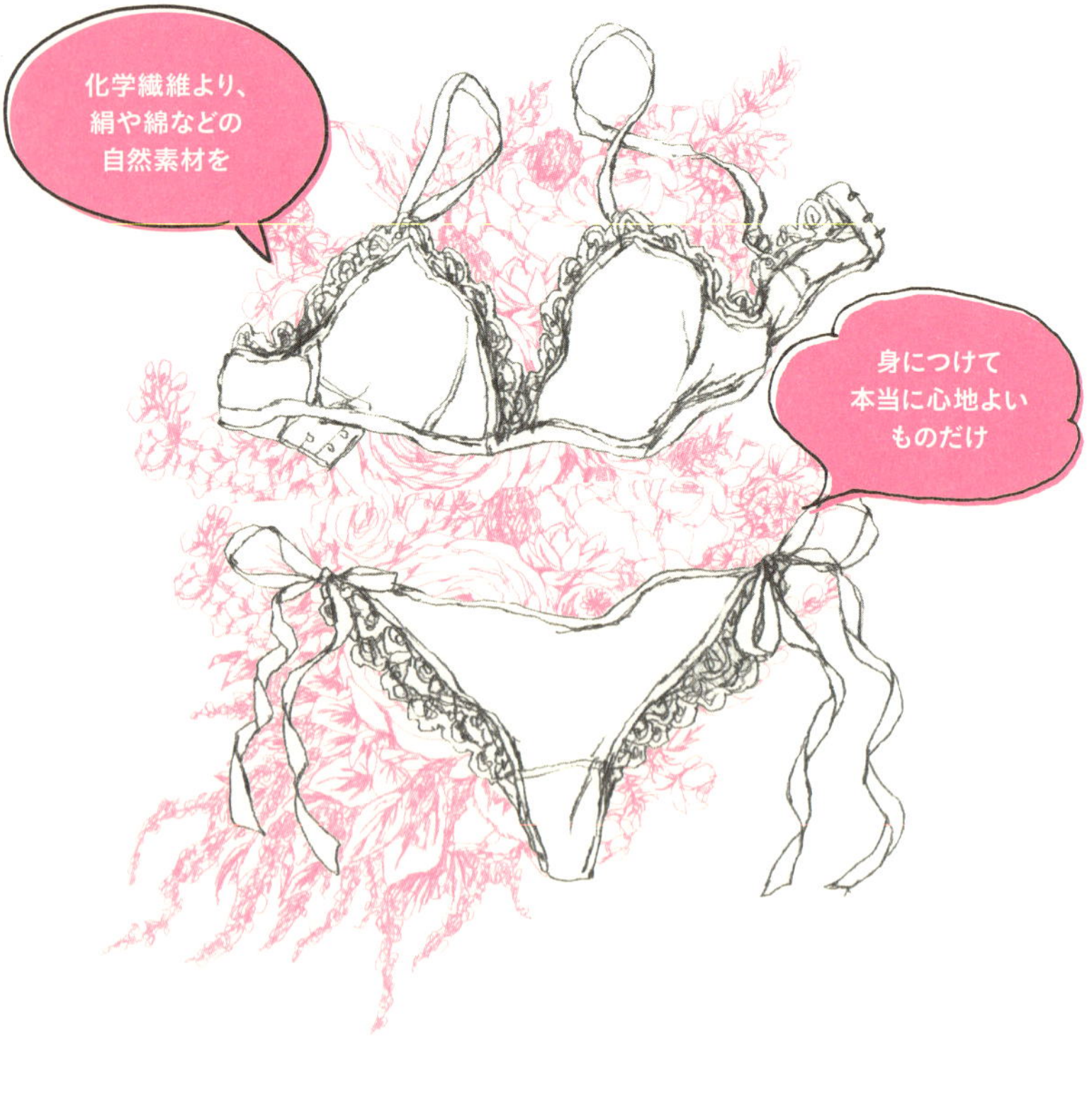
化学繊維より、
絹や綿などの
自然素材を
身につけて
本当に心地よい
ものだけ

いま、**身体を締めつけないランジェリー**を選ぶ女性が増えています。もちろん、私もそのひとりです。

ブラジャー界では、長らく続いた「寄せて、上げる」のムーブメントが一段落し、**ノンワイヤーのブラ**が人気ですね。私も愛用しています。当初は「胸が垂れそう」「おばさんぽい」という声もありましたが、下着メーカーさんの努力により、いまはかわいくて機能的なノンワイヤーブラが、たくさん手に入ります。

ショーツは、**ふんどしパンツ**がお気に入り。**そけい部を締めつけないので、血の巡りがよくなります。**「ふんどし」と聞いて抵抗感がある方は、一度、画像検索をしてみてください。大人の女性が身につけても違和感のないデザインのものが、いろいろと出ています。**なるべく天然素材のものを選びましょう。**

ひと昔前の女性にとって、下着は、自分の身体を「人によく見せる」ためのものでした。窮屈な補正下着（しかも、高額！）に身体を詰め込み、自分の心地よさは後回し。それに比べて、自分の身体の声に従い、心地よい（しかも、かわいい♡）下着を身につけることができるいまは、とてもいい時代だと思います。

自分に優しく、上質な下着を選ぶ習慣、大切にしたいですね。

» BEAUTY&FASHION «

LIST 73

見えないところで温活を

―「ナチュラルおばさん」に気をつけて―

「気持ちいい女」は
温めてる♡
「おまたカイロ」で
子宮を冷やさない

「ちょっとした工夫や努力や心持ちで、人生はバラ色に輝く」
笹本恒子

生姜、冷えとり靴下などのブームを経て、「**温活＝体を温めるべき**」というのは、いまや常識。みなさんも、日頃の生活の中でなにかと意識されていることでしょう。

私は毎日、ショーツにカイロを貼り、布ナプキンでカバーする「**おまたカイロ**」を実行中です。妊娠したい方に効果的という話もありますし、なにより、子宮を温めると男性が喜びます（笑）。冷えてる女は感じません。「気持ちいい女」になりたければ、身体を温めましょう。

冷えとり対策として、家の中では靴下の重ね履きもしています。ただし、出かける際には履きません。なぜなら、見た目がイケてないから。冬はシルク素材のタイツの上からつま先カバーを装着し、かわいいオーバーパンツをはきます。

「靴下○枚履き」といった鉄則を、どんなときも忠実に守っている方がいらっしゃいますが、その見た目は、エレガントとは言えません。ファッションにも制限が出てきます。アラフォー以上なら、その姿はまさに「ナチュラルおばさん」です。

温めたほうが、美容にも健康にもいい。冷えた女はブスになる。だけど、「温活」に力を入れすぎる姿も、同じぐらいブスと言えるかも。工夫しだいでファッションと温活を両立させ、いつも温かな女でいましょうね。

BEAUTY&FASHION

LIST 74

キャラを立たせたければ、帽子をかぶって

―「普通じゃない人」感を演出できる魔法のアイテム―

帽子、ヘアアクセ、サングラスはマストアイテム
SNSやブログの写真でも、帽子をかぶると目立つよ

「置かれた場所で咲くも咲かないも、どのように咲くのかも、自分次第」
渡辺和子

もしあなたが自分の「キャラ立ち」を目指すなら、お洋服にこだわるよりも、帽子をかぶることをおすすめします。

帽子をかぶることで華やぎを演出できるうえ、かぶっている人がそんなに多くないので、とても目立ちます。「ユニークな人」「普通じゃない人」「オシャレさん」といった印象を醸し出すことも可能です。カチューシャなどのヘアアクセもおすすめです。

占い師の「キャメレオン竹田」さんは赤いベレー帽をとても印象的にかぶりこなしていますし、私がコンサルさせていただいた夏季限定のハチミツ屋さん「世界のおくらちゃん」も、私のすすめで帽子をかぶるようになってから「売れた！」そうです（笑）。

キャラ立ちだけでなく、帽子は、年齢を重ねた女性にとっての強い味方でもあります。白髪やボリュームがない髪も、帽子やヘアアクセですぐにカバーできます。「今日はヘアスタイルが決まらない」あるいは「セットするのが面倒」という日も、帽子さえあれば、すぐさまオシャレさんに大変身。

インパクトがある大ぶりのサングラスやメガネも、お顔の調子がイマイチのとき、強い味方になってくれます。帽子、ヘアアクセ、サングラスは大人女性の三種の神器です。

BEAUTY&FASHION

LIST 75

艶のある声で話そう

—声には女性性があらわれる—

声が低くて
艶がないときは、
身体と向き合おう
お気に入りの
キャンディを
お守り代わりに
100% PURE
HONEY
QUEEN BEE

「"美"とは、あなたの内面で感じたことが目に映しだされるもの」
ソフィア・ローレン

「**声がいいですね**」と、よく言われます。意識して声を出しているわけではないので、もともとのものなのだと思います。

知らない人の声を電話で聞いたとき、会ったことがなくても、その容姿や年齢が思い浮かんだりしませんか？

声には、女性のコンディションがすぐにあらわれます。仕事ばかりで余裕がないときは低い声に。潤いのある生活ができているときは、弾んだ声に。「あれ？　いつもより声が低い」と思ったら、**仕事や予定をセーブして、女らしさを取り戻すことに力を注ぎましょう。**

艶のある声を保つために、私が普段持ち歩いているのは、**マヌカハニー100%のキャンディ**。マヌカハニーは、ニュージーランドの「マヌカの木」から採れるハチミツで、普通のハチミツよりも高い殺菌作用があることが知られています。風邪の初期症状にもいいそうで、喉に少しでも違和感を感じたときや、セミナーなどのお仕事で喉を酷使した際にはすぐに摂るようにして、お守りのような存在にしています。

醸し出す女性性を高めたければ、人と話すときにはゆっくり、やわらかい口調で話すこと。私がゆっくり、まったり話すのは天性のようですが（笑）。

LIST 76

「お金で買える美がある」と知ろう

―「お金をかけられる余裕」が大人の美を左右する―

「20歳の顔は自然の贈り物。50歳の顔はあなたの功績。
女は40を過ぎてはじめておもしろくなる」ココ・シャネル

アラフォーになっても、圧倒的な美しさを保っている女優さんがたくさんいらっしゃいますね。もしかすると、彼女たちはインタビューで「特になにもしていません」なんて言っているかもしれませんが、おそらく、美を追求するために、多額のお金をつぎ込んでいると思います。

10代、20代までは、素材そのものと努力で勝負することもできますが、30代、40代になったら、はっきり言って「**どれだけお金をかけたか**」が決め手(もちろん日々のお手入れが基本ですが)。私も自分が40歳をすぎ、実感を持ってそのことを理解しました。

私がいま通っているのは、**ネイル、まつげ、フェイシャル、ボディリンパマッサージ、審美歯科**。**脱毛**も済ませました。**アーユルヴェーダのトリートメント**も、心身の癒やしには欠かせません。**美容皮膚科**にも定期的に通っています。きれいでいるために働いているようなものですね(笑)。**きれいでいる↓気分がいい↓自分もまわりも幸せ。**だからお金のかけ甲斐もあります。

美にお金をかけられるだけの「**余裕**」が、年齢を重ねた美しさとして、オーラを放ちます。

BEAUTY&FASHION

LIST 77

バイオリズムで予定を決めよう

—自分のリズムを乗りこなす—

ドラマチックな
女のゆらぎを
楽しんで
自分の命を
尊ぶことと一緒

「何も咲かない寒い日は、下へ下へと根を伸ばせ。やがて大きな花が咲く」
高橋尚子

女性は、**常にゆらいでいる生き物**。自分の身体のバイオリズム、月の満ち欠けや、天体の動きにも影響を受けます。まったくフラットにすることは、人間でなおかつ女性である以上、どんな精神力をもってしても難しいし、そうする必要もありません。生理前はイライラ。排卵期に性欲が増す（個人差はありますが）など。長年「私」をやっていると、自分だけのバイオリズムが掴めていると思います。そこに多くの女性が大好きな、星の配置や、月の満ち欠けもかかわってくるのですから、なんともドラマチック！

私も、この手の話題は大好き。**星占い**も大いに参考にしますし、「**ムーンウォーター**」をつくってみたこともあります。これは、青いボトルに入れて満月の光に当てた水を飲むと、身体の中が浄化され開運するというもの。実際、これをやった直後に大きな夢が叶ったこともありました。「今日は新月（満月）だからこれをやらなくちゃ」と義務的に「お財布フリフリ」とかしても、効果はないと思いますが、こういうアクティビティを楽しみながら、自然の一部である**自分の命を尊ぶ**のもいいですね。

気分が落ちたり、テンションが上がったり、イライラしたり、ご機嫌だったり。**ゆらいでいる自分を慈しみ、思いっきり甘やかしましょう。**

BEAUTY&FASHION

LIST 78

おいしいものだけ、食べましょう

―身体が求めているものを適量食べる―

食べるものが、
人生の幸福度を
左右する
お腹が空いたときに、
身体が求めるものを
ダイエットや
お肌にもいい

「あなたのカラダは、あなたが選んだものでできている」
西邨マユミ

レストランを経営していたぐらいですから、私は食べることが大好き。「食べることが好き」というのは、大食いということではありません。「**おいしいものを（適量）食べる**」のが、このうえない幸せなのです。

40歳をすぎて、「**身体が求めるものを食べる**」ことの重要性を、ひしひしと感じています。まず、「お昼だから」「晩御飯の時間だから」と、3食摂るのをやめました。食事をするのは、お腹が空いたとき。このスタイルにしてから、特になにもしていないのに体重が落ちました。お肌の調子も絶好調です。

幸いなことに、いま暮らしている軽井沢は、おいしい食材が気軽に手に入る土地。素材がいいので、生卵にお醤油をたらすだけで立派なご馳走になります。ぬか漬けも始めました。手間をかけなくても鶏肉とお野菜を蒸すだけといった、シンプルな料理が抜群においしい。素材のよさを引き出してくれるような、質のよい調味料を揃えるのも楽しみになりました。

人生の幸福度を上げるために、食べるものの質にこだわり、楽しい食事の時間を味わうことは、とても大切。

身体の声を聞き、**芯から求めているもの**を与えてあげましょう。

LIST 79

ピンチのときの駆け込みサロンを決めておこう

―命の洗濯で、エネルギーをチャージ―

毎日をがんばる力になるはず
あなたがリフレッシュする場所を挙げてみて

「人生で“もう遅い”という年齢はない」
笹本恒子

私が、月に一度は必ず時間を取って訪れるのが、都心から1時間半、千葉県睦沢町にある「古民家アーユルヴェーダスパ・Fuwari」です。

最近の私は、人と会ってお話をする仕事がメインで、それには相当なエネルギーを必要とします。表向きはいわゆるビジネスコンサルですが、いってみれば、目の前の相手と素っ裸でまぐわっているようなもの。仕事のあとはエネルギーを使い切って、起き上がれなくなることもあります。

エネルギーを過度に放出したら、どこかで調整する必要があります。私にとって、月に一度のサロン通いがその調整の場。命の洗濯、魂の解放とも呼べる時間です。トリートメントを受けたあとには、心と身体、魂、そして五感がクリアになります。

オーナーの平賀麻美ちゃんは、私が地球上でもっとも信頼するセラピスト。私が甘えられる人、心を許せる人ってそんなに多くはないのですが、絶妙な距離感で寄り添ってくれる彼女の前では、限りなくニュートラルでいられます。

仕事や人間関係など、なにかと心身をすり減らす機会が多い大人女子。疲れた心も身体も丸ごと明け渡して、心の底からリラックスできる場所をひとつ見つけておきましょう。その存在は、日々を生き抜く心強い味方になるはずです。

BEAUTY&FASHION

LIST 80

無理して遊んでいない？

—興味のないことに時間を割かない—

お付き合いのゴルフ、
本当に必要？
ウォーキングや
登山なら、誰かと
競わなくていい

「夢中になれるものが見つかれば、人は生きていて救われる」
篠田桃紅

スポーツは嫌いです。子どもの頃からそうでした。「人と競うこと」と「ゲーム」の2つが苦手なので、授業でやる球技なども苦痛で仕方がありませんでした。

大人になり、しかも経営者をやっていたりすると、ゴルフのお誘いを受けることも多々あります。ゴルフはある意味、大人の社交場とも言えますよね。経営者でなくとも、最近は、接待や社内コンペで腕前を披露するゴルフ女子も増えています。

あんまり熱心にお誘いをいただくので、やってみたこともありました。でも……やっぱり全然おもしろくない。「球を穴に入れることの、なにが楽しいの?」って思っちゃうんですよね(笑)。ゴルフファンの方がいたら、ごめんなさい。軽井沢には素晴らしいゴルフ場がたくさんあるので、お誘いもまた増えたのですがやっぱりお断りしています。

いまの趣味はウォーキング。ハードめに行くなら登山です。同じ身体を動かすのでも、人と競うのではなく、自分が自然と向き合う形で取り組めるもののほうが、私は断然、充実した時間を過ごすことができます。誘われたからといって、興味のないことはやらなくていい。その時間を、自分の好きなことをするのにあてましょう。

BEAUTY&FASHION

LIST 81

嗅覚を研ぎ澄ます

—匂いと記憶は、密接な関係にある—

香りが女の個性を
演出するの
好きな男性に
嗅がれたい香りは？
VOLOSPA

「オス度の高い男性ほど美しいメスを選ぶ」

林真理子

「**ハニーさん、いい香りがしますね**」とよく言われます。

以前、アロマのサロンをやっていたこともあり、私にとって香りは、とても大切なもの。リラックスしたいときは、ラベンダーの香り。デートのときは、女性性が高まるよう配合してもらったオリジナルブレンドのアロマと、シーンや気分によって、いくつかの香りを使いわけています。

脳の働きを見てみると、視覚や聴覚などに比べて、嗅覚は**特別な感覚**だそうです。というのも、嗅覚は他の五感と違って、大脳新皮質という器官を経由せず、記憶をつかさどる海馬にダイレクトにつながっているのだとか。

「ふいにフワッと漂ってきた匂いで、昔の光景や懐かしい人物を思い出した」という経験は、誰しもお持ちでしょう。それは、脳の仕組みがもたらす、匂いと記憶の密接な関係性によるものなのです。であれば、これを使わない手はありません！

まずは、自分が好きな香りを見つけること。気持ちがアガる香り、心が落ち着く香り、好きな男に嗅がれたい（！）香り、お気に入りはいくつあってもOK。

自分を香りでコントロールできるようになるとともに、その香りが、あなたの個性を形づくる要素のひとつになっていきます。

CHAPTER.05

» BEAUTY&FASHION «

LIST 82

ムチムチでも気にしない

―堂々とビキニを着こなそう―

自分が着ていて
ハッピーか、を
第一に♡
日本人女性は、
「まわりにどう
思われるか」を
気にしすぎ

「綺麗な足でいたかったら、男たちの視線に足をさらしなさい」
マレーネ・ディートリッヒ

ニュージーランドの人は、裸足で街中を歩いているそうです。世界を放浪している息子が教えてくれました。

中学卒業後にカナダへ留学していた娘は、「カナダにいるときは服装なんて全然気にならないのに、成田に着いた途端に、まわりの目が気になり始める」と言っていました。

そう、日本人は、人の目を気にしすぎ。そして、自分に厳しすぎます。

ほら、テレビで海外のビーチが映ると「そんなにお肉がついてるのに、よく着られるね！」というほどムッチムチの、しかもオバサマが、堂々とビキニを着ている姿をよく見ませんか？　黒のピタッとしたタイツのような、レギンスのようなボトムス1枚で出歩く女性とか。

彼女たちはおそらく、「人からどう見られるか」なんて考えていません。自分たちが着たいから、着ているだけ。自分の気持ちや、心地よさが重要なんです。

もうひとつ言わせてもらえば、世の男がみんな、ガリ痩せのモデル体型が好きだとお思いですか？　意外と、ぷにぷにも人気ですよ。「足が太いから着られない」なんて言わず、思い切って見せちゃってください。

それにぶっちゃけ、人はあなたのことをそんなに見ていませんから（笑）。

INVINCIBLE
BEAUTY

06

»LIFE«

暮らし

暮らしに関することは、仕事や恋愛のように、熱く取り組むものでもなく、どうしても優先順位は低くなりがちです。

ですが、なんでもない「日常」こそ大切にするべき。

いつも自分が心地よくあること、大好きなものに囲まれること。それは、あなたの幸せ度を大きく格上げするための、大切な要素だから。

30代半ばで、私は念願のマイホームを建てました。私はこの「理想の家」で、「理想の暮らし」を少しずつ形にしてきました。

それは、私が家事に忙殺されることなく、私が私らしくいることを追求できる暮らし。外注できるものは外注し、家族の他の誰かが得意なことはその人にお任せ。世間で言われる「理想の母」「理想の妻」からは大きく外れているかもしれないけれど、それが私と家族にとっての「心地よい暮らし」なのです。

昨年、一家で軽井沢へ移住しました。大自然に囲まれ、自分たちの暮らしに本当に必要なものだけを取り入れる生活――ここに来てからは、自分の感覚がどんどん研ぎ澄まされていくのを実感しています。

義務感から家事はしない、疲れたら休む、調子の出ない日はサボる、本当に食べたいものだけを食べる。自分の心と身体に寄り添った暮らしのリズムは、「私らしく」いるために不可欠な要素です。

»LIFE«

LIST 83

ダメダメなときは、ととことんサボろう

―なにもせず、焦らず、安心してサボる―

予定はリスケ、
家事の手抜き、
引きこもり……
自分のおサボり方法を
ピックアップ☆

「自分を心から愛して、自分を尊重して、大切にする時間は重要よ」
ウーピー・ゴールドバーグ

「はぁ、なんだかチカラが出ない……」

どんなにがんばる女子にだって、そんなときはありますよね。私の場合は、**毎年6月の前後**。梅雨のせいでお天気がすぐれないのもあるし、月の天中殺なのも関係していると思います。

そんなときは、予定していた登山や会食もリスケ。炊事や掃除もパートナーにお願いして（これはいつものことかも？　笑）、なにもせずに、おうちでゴロゴロ。ダメダメな時期を、無理せずにのらりくらりとやり過ごします。

もちろん、その時期がすぎたら、**フルスロットルで始動**！　パワーを貯め込んでいた分、驚くほどのエネルギーが満ちあふれてくるのを感じることができます。このカタルシス、けっこうやみつきになりますよ（笑）。おすすめです。

やる気にならないときは、なにもしないこと。お勤めの人も、家事を手抜きしたり、土日は誰にも会わないでいたりと、おサボりの方法はいろいろあると思います。焦らず、ダメダメな自分を責めずに、宇宙からいただいた休息時間を、とことん満喫しましょう！

安心してサボるのが、ハニー流開運のヒケツです☆

»LIFE«

LIST 84

「スピリチュアル断食」をしよう

―自分自身が放つ、リアルなエネルギーだけを頼りに―

自分の魂だけを
意識する日を
つくって
とらわれて、
動けなくなって
いる人へ

「そもそも壁はぶつかるんじゃなくて、越えていくもの」
桃井かおり

自分の行動を決めるのに、月や星の動き、占いの数々、スピリチュアルなメッセージに頼っていませんか？

この手の話題が大好きな私自身、多いに参考にします。でもそればかり意識していると、とらわれすぎて、動けなくなっちゃいますよ。

そんなときは、「スピリチュアル断食」はいかが？

月の満ち欠けや星の動きも、宇宙の法則も、一切意識しない！　自分自身が放つ、リアルなエネルギーだけを頼りにする。

やっぱり、地に足をしっかり着けて、実際に行動を起こし、意思を持って現実を動かしていくことこそが大切だと思います。それこそが、本当に、魂で生きること、宇宙とつながって生きることって言えるんじゃないかしら。

スピリチュアルな力やエネルギーで現実を動かすには、やはり「行動」があってのこと。それが「本当の自分を生きること」だと思う。あなた自身の内側にこそ、素晴らしいエネルギーがみなぎっているはずだから、まずはそれを信じて、目覚めさせてあげて。

私もスピリチュアル大好き人間なので、自戒の念も込めて。

CHAPTER.06

»LIFE«

LIST 85

ごはんをつくるのは、週3だけ

―稼げる大人女子は、上手な時間管理を―

時間を大切に
するのは、
レディのたしなみ
心と時間の余裕が、
お金を呼び込む
時短グッズを
かしこく使って

「人は一切れのパンではなく愛に飢えているのです」
マザー・テレサ

MIND
COMMUNICATION
MONEY
LOVE&SEX
BEAUTY&FASHION
LIFE
FAMILY

「ハニーさんって、ごはんとかつくるんですか？」って、よく聞かれます。

軽井沢に移住した最近、料理をするのは週に3日くらいでしょうか？ 他の日はレストラン巡りを楽しんだり、パートナーや息子が手料理をつくってくれます。

以前はシングルマザーだったこともあって、社長、一家の大黒柱、お母さんの三役を、しっかりこなしていました。会社に後ろ髪を引かれる思いで娘と息子のお迎えに行って、大急ぎで買い物、食事の支度、お風呂と、常に家の中を走ってました。寝かしつけが終わったら放心状態で、そのままソファーで寝落ち……なんてこともしばしば。がんばりすぎたツケで、3か月入院する羽目にもなりました。

その後、新しいパートナーが家事を率先してやってくれる人だったりして、だいぶラクになりました。「ラクに仕事ができる環境を、自分でつくろう！」と決意したら、まるで魔法みたいに、まわりのサポート体制が自然と整い始めたのです。大人女子にとって、上手な時間管理は不可欠。家事や育児のやりくりはもちろん、自分をリセットしたり、人に会って刺激を受ける時間も欠かせないもの。

ガムシャラにがんばってたあの頃にはわかっていなかったけど、自分の状態をよくしておくための心と時間の余裕が、結局は仕事の結果に結びつくのです。

» LIFE «

LIST 86

ホームパーティーはやらない

―向いていないことに労力は割かない―

向いていること、
向いていないことを
知るとラク
レストランのほうが
心から楽しめる

「だらしがないことも一つの知恵」

曽野綾子

30代の半ばで、一軒家を建てました。シングルマザーと社長をやりながら、目がまわるほど忙しい中で、土地、外観、内装と細部に至るまでこだわり抜いた自慢の家。そこでまずなにをやるかと言ったら……もちろん、ホームパーティーでしょ！

素敵な一軒家で、親しい仲間を集めて、おいしい手料理を振る舞う。そんな「絵に描いたような」光景に憧れていた私でしたが、1回やってみてすぐに悟りました。

「あ、これ私に向いてない」と（笑）。

手料理を準備し、パーティーの最中は「飲み物は足りているか」「部屋は適温か」「退屈そうな人はいないか」と常に気を配る。終わったあとに待つのは、山盛りの洗い物。うわぁ、面倒くさい！　そしてなにより、私が全然楽しめない！（笑）

それからは、お友達を招く際には、近くのお気に入りのレストランにお連れすることにしました。手間もないし、おいしいし、私も心から楽しめる。まさに、いいことづくめです。

もちろん、ゲストをおもてなしすることに極上の喜びを感じる人もいるでしょう。ただ、私には向いていなかったというだけ。向いていないことに労力を割くのは、時間とエネルギーの無駄です。できる女を目指すのは、さっさとやめましょう（笑）。

LIST 87

大掃除は、メンズにお任せ

―得意じゃないことに、エネルギーは使わない―

世間の習慣が
必要かどうか
見極めよう
物を少なく、
シンプルに暮らす
ことが大切

「やさしい人を探しなさい。金持ちかどうかなんて、気にしないほうがいい」

エスティ・ローダー

毎年の恒例行事、**年末の大掃除**。私は、しません（笑）。

だって、お掃除そんなに好きじゃないし。それに、私がお掃除している姿、似合わないでしょ？　**ワクワクしないことや、得意じゃないことは徹底的に外注、もしくは、それが好きで得意な人にお任せするのがハニー流☆**　お掃除は、普段から業者さんとルンバにお任せしています。

一応、長年働くママをやってきたので「**普段から物を少なく**」「**しまい込まない収納**」「**シンプルに暮らす**」など、家事を簡略化する工夫は随所にしてあって、わざわざ大掃除をしなくても、それなりにきれいに暮らせるようにはなっています。

そして、年に1度の大掃除は、我が家の頼れるメンズたち（夫&上の息子）が、張り切ってやってくれます。がんばる彼らを、私が2階の吹き抜けから歌を歌って応援するのが、毎年恒例の光景です（笑）。

家族の誰もが、私には一切、世間一般で言われている主婦としての役割を期待していないので、超〜ラク♪　たまにそれっぽいことをすると、感激されたりして（笑）。「**家事が好きでなければ、やらなくていい**」と自分に許すと、自然とまわりの状況が、自分にとって都合のいい状態に整ってくるから不思議です。

CHAPTER.06

»LIFE«

LIST 88

テレビはいらない

―お気に入りのものに囲まれて、質のよい睡眠を―

「私の見方からすると、虹が欲しけりゃ、雨は我慢しなきゃいけない」
ドリー・パートン

軽井沢に引っ越してきてから、寝るのが早くなりました。軽井沢の夜はとても早く、お店も7時頃には終わってしまいますし、山間部ということもあってとても静か。毎日、9時にはベッドに入ってるかしら（笑）。

ベッドルームは、とても大切な空間です。前の家でも、軽井沢に越してからも、無駄なものは置かず、お気に入りのものだけを並べて、眠る前のひとときをリラックスして過ごせるように工夫しています。

いまの軽井沢の家には、以前のオーナーがテレビ好きな方だったらしく、家の中にテレビが4つ（なんと、お風呂にまで！）もありましたが、越してきて間もなく、ベッドルームにあったものも含めてすみやかに処分しました。いまはネットもありますし、本当に知るべきニュースは、テレビがなくても自然と入ってきますから。食事はもちろんテレビではなく、家族の顔を見ながらいただきます。

夜が早い分、朝は遅くても7時には目覚めて、気分がよければウォーキングへ。戻ってから、浅間山を眺めながらお風呂に入るのが、このうえない喜びのひとときです。そこで「今日はなにをしようかな」と自分とゆっくり向き合う。早寝早起きの生活で、自分の身体が自然のリズムとともにあることを再確認しています。

»LIFE«

LIST 89

自分にちょうどいいサイズで暮らそう

—広さよりも心地よさが重要—

心地よいサイズを知るには、そこで眠ってみて
大は小を兼ねない

「"私という基盤"さえ作っておけば、変幻自在の目的でいいんじゃないの」
松永真理

軽井沢の引っ越し先は、もともとは**スモールラグジュアリーホテル**として建てられたゴージャスな邸宅。

ここで、私がいままでにやってきたことをいかせて、なおかつ、この地でしかできないビジネスをやろうと考えを巡らせているところです。まずは、お部屋をセミナールームやエステルームに改装しようと計画中。

引っ越しの際は、家財道具一式をこのホテルに運び込みました。持ち込んだ家具と、すでにしつらえてあるアンティーク家具や調度品（どれも一級品！）が調和するように配置。しかし、何日か過ごしてみると、なんだか落ち着かないのです。どうやら、おうちとして使うには、少し広すぎたようでした。

そこで、ホテルのすぐ隣にある、ゲストルームとして使われていた小ぶり（といっても、十分な広さです）な建物に再度お引っ越し。すると、**とてもしっくりきて、ようやく自分が軽井沢にフィットした感覚を持てました。**

住む場所は「広ければ広いほどよい」というものではありません。
それよりも、**自分の気持ちよさのほうが重要**。自分にとっての「**ちょうどいいサイズ**」を知ることが、心地よい暮らしを手に入れるための第一歩です。

CHAPTER.06

» LIFE «

LIST 90

都会に住まない

—オシャレな街は、たまに行くぐらいがちょうどいい—

「愛する人や、自分を必要としてくれる人のために時間をつくることは大切よ」
キーラ・ナイトレイ

初めの結婚後、パティシエだった当時のパートナーとお店を出すのに選んだのは、**千葉県の成田**でした。東京を選ばなかった理由は、東京に可能性を感じなかったから。家賃も高いし、競合も多い。ケーキを買うなら、みなさん百貨店に行ってしまう。コストに見合うだけのリターンは得られないと、早い段階で選択肢から消えました。

縁あって選んだ成田は、当時はまだ新興住宅地で、まさに発展の途上。空港が近い関係で外部から来た人も多く、東京並みの価格をつけてもお客さんは来てくれました。まさに、私たちがやりたいことをやるのに、ぴったりの土地だったのです。

現在は、長年の憧れの地であった**軽井沢**に移住。大自然と美しい街並みに囲まれ、この地でどんなビジネスを展開しようか？　ワクワク考えながら準備を進めています。

交通網やインターネットが発達したいま、都会に固執する必要はありません。都会に住むと必要のない**購買意欲を刺激**されたり、**「オシャレにしなきゃ」といった強迫観念**に駆られるなど、ストレスが増える要因となります。**都会は、たまに遊びに行くぐらいがちょうどいい。**都会の外にいるからこそ見えるものが、たくさんあります。**住環境を選ぶのは、生きたい人生をつくる第一歩。**いつか住みたい場所に、いますぐ住んで、そこで理想の生き方、働き方をつくり出せばいいのです。

CHAPTER.06

»LIFE«

LIST 91

自然を愛でよう

―自然の中に身をひたすのは最高のリフレッシュ法―

おいしい空気を
胸いっぱい
吸い込もう
気分がアガる
お気に入りのウエアを
身につけて

「私は自分の魔法の力を強く信じてる」
スーザン・サランドン

数年前に、「**山ガール**」ブームがありましたね。当初は「女子が山へ行くこと」が意外性をもって迎えられたブームでしたが、いまや定着。週末ともなれば、カラフルなアウトドアウエアに身を包んだ女性たちが、あちこちの山にアタックしています。なにを隠そう、私も大人山ガールです。といっても、低山専門の軟弱山ガールですが（笑）。以前住んでいた千葉県には、高い山こそないものの、気軽に登れてバリエーション豊かな低山がたくさんあったので、時間を見つけてはあちこちのお山に登っていました。家族や仲間と登ることもありますが、実は、いちばん好きなのはひとり登山です。山では、自分と自然とだけでおしゃべり。気に入った場所でじっと立ち止まったり、草木に見とれたり、納得いくまで写真を撮ったり。平日の空いているお山だと、聞こえるのは鳥のさえずりと、風で木々がゆれる音だけ。きれいな空気を胸いっぱい吸い込むと、五感が全開になって、自分も自然の一部であることを思い出します。開放的な気分のせいで、山頂で叫んだり、歌ったりすることも（笑）。

自然の中に身をひたすのは、最高のリフレッシュ法です。パワー不足を感じたら、山へGO！　本格的な装備なしで登れる山もたくさんありますので、まずはトライしてみてください。山の精霊たちが、あなたにパワーを授けてくれるでしょう。

» LIFE «

LIST 92

感覚のゆらぎを大事にしよう

—人間だから、浮き沈みはあって当然—

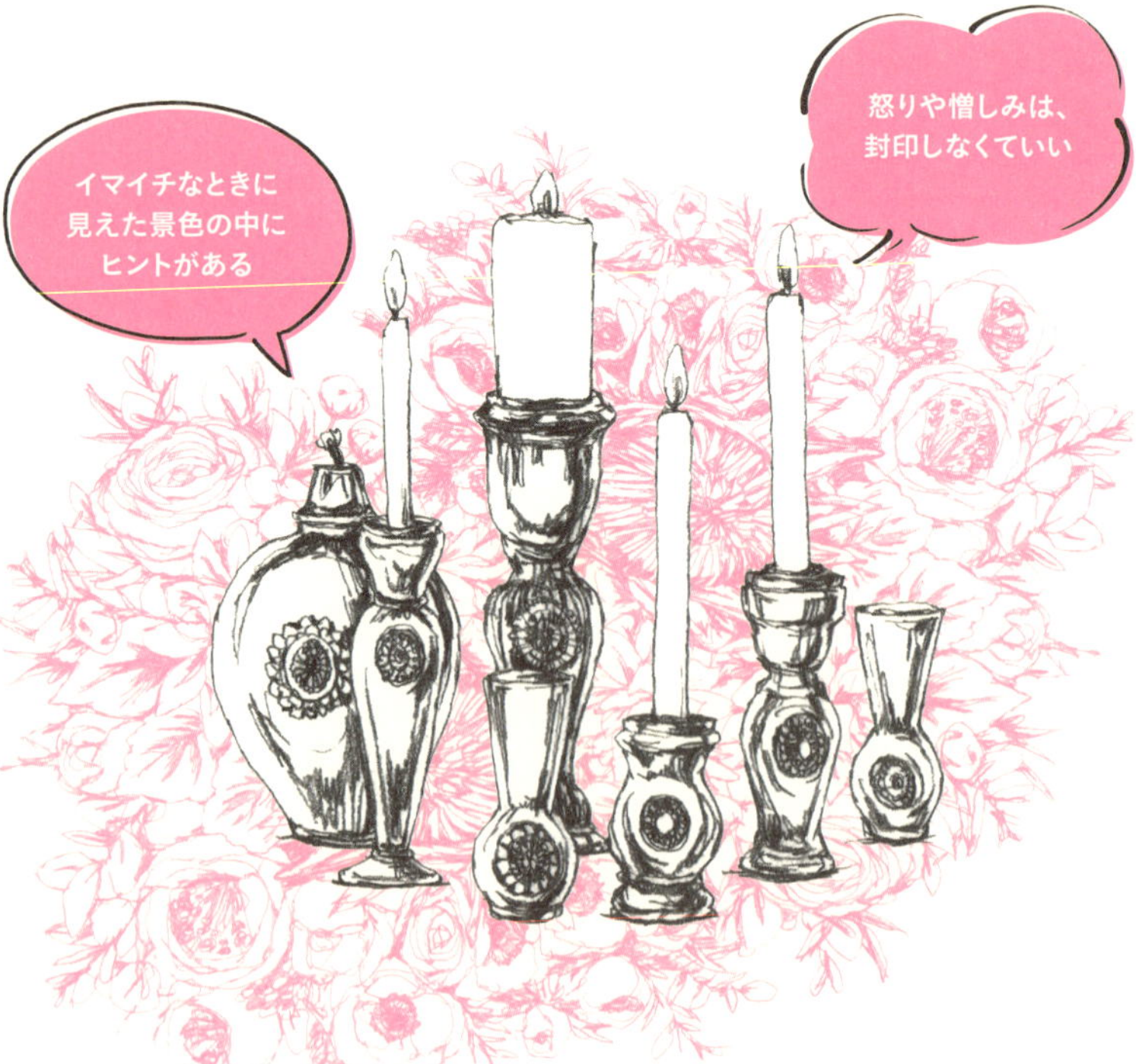
イマイチなときに
見えた景色の中に
ヒントがある
怒りや憎しみは、
封印しなくていい

「人生とは、何かを計画しているときに起きてしまう、別の出来事のこと」

シリア・ハンター

どんなことが起こっても、**自分を肯定し、堂々としている人でいたい。**

いつでもポジティブでいることは理想であり、自分をいかすためにも、とても大切なこと。

でも、それ以上に大切なのは、自分のネガティブな感情も認め、**自分を丸ごと愛すること**なのではないでしょうか。

「イマイチな」自分も、そのまま受け入れる。目をそむけたくなるような、ブラックな感情（怒り、憎しみ、嫉妬など）を感じたら、落ちるところまでしっかり落ち、そのとき感じている気持ちを、しっかり観察する。沈んでいるときに見えた風景の中にこそ、重要なメッセージが隠されています。

陰と陽、両方があって美しい陰影が生まれる。

それは、月の満ち欠けのように、**明るい満月の日**もあれば、**光の差さない新月の日**もあります。光が見えない時間は、次のステップへの重要な準備期間なのです。

どんな自分であっても、そのままでいい。

私は私のままでいい。

心の底からそう思えることが、最強の自分になるということです。

MIND COMMUNICATION MONEY LOVE&SEX BEAUTY&FASHION LIFE FAMILY

INVINCIBLE BEAUTY

07

»FAMILY«

家族

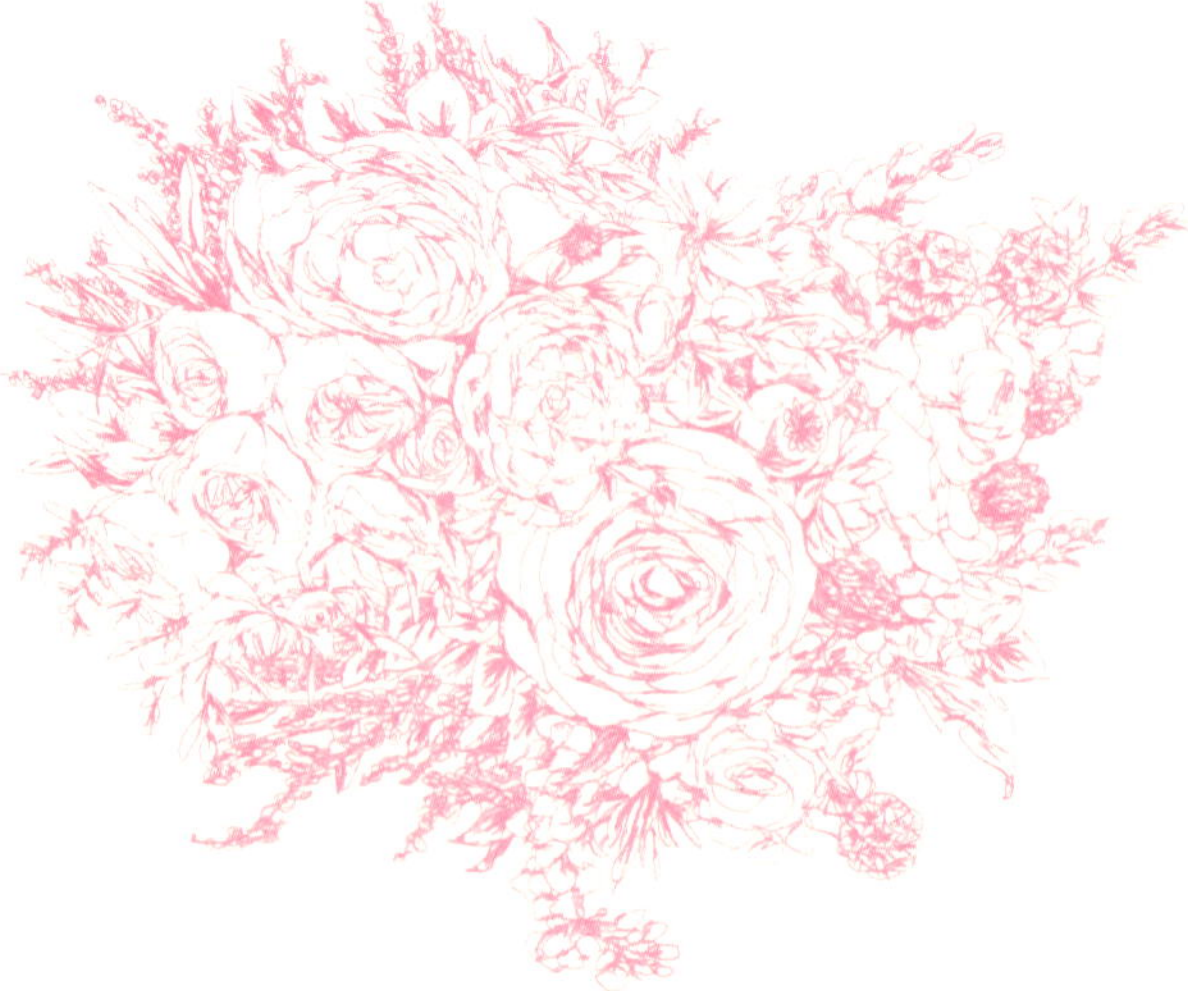

あなたにとって、家族とはどんな存在ですか？
支え？　癒やし？　運命共同体？　それともまさか、重荷？　足かせ？

私が生まれ育った家庭は、私にとってとても息苦しいものでした。そして23歳でできちゃった結婚をしましたが、残念ながら離婚という結果になりました。

そして、いまの家族は、私がようやく手に入れた「最高の家族」です。36歳のときに、7歳年下の現在のパートナーと再婚。彼との間に生まれた下の息子も、もう小学生になりました。

上の2人の子どもは、私にとって人生最大の試練だったとも言えるシングルマザー時代をともに過ごしました。多感な時期に、新しいお父さんを家族に迎え入れる経験もしています。まわりからの心配をよそに、2人ともまっすぐ、素直に育ってくれました。父親の違いに関係なく、下の息子とも3兄弟は大の仲良し。上の息子のＲｙｕは世界へ向けた第一歩を踏み出そうとしているところです。

家族の存在が、家族を構成する一人ひとりにとっての、心やすらぐ場所であること。そしてそれは、家族にとてつもなく力強いパワーを授けること——そんなシンプルで大切な事実を、いまの家族の形になって初めて知ることができました。

» FAMILY «

LIST 93

形にこだわらず、自分にとっての「最高」を

— 節操も常識もありませんが、なにか？ —

自分の選択が、
家族の形を
つくっていく
生まれ育った家に、
とらわれなくていい

「しっかり理解するまで愛さなきゃ、男の人のよさなんてわからない」
倍賞美津子

私36歳、娘中1、息子小6のときに、7歳年下のダーリンと子連れ再婚しました。子どもたちは年頃だったけど、私はなにも心配してなかったなぁ。ダーリンは、「ぶっちゃけ、連れ子ってどうよ?」と聞かれることもあるみたいですが、彼らは初めて会ったときから、ず～っと一緒だったみたいに、自然に家族になっていきました。

若い頃に苦楽をともにした前のパートナーともいい関係で、子どもたちも行き来しています。

あと、いまのボーイフレンドも、当然のように息子に紹介して、一緒に食事したり買い物をしたりします。戸籍上の夫であるダーリンにはいつも普通に「**デートに行ってくるね**」と言って出かけます。

えっ? 結婚してたら恋愛しちゃいけないの?

こう書いてみると……はい。私、**節操**ないです。**常識**とか全然ないし。うふ♡

機能不全の家に育ち、愛に満たされずいつも不安だった私が、やっと手に入れた、ベストな家族の形。

幸せの形、愛の形、家族の形は、人それぞれでいいのです。

自分だけの心地よさは、**常識や世間体を超えた先**にあります。

»FAMILY«

LIST 94

「子どもか、仕事か」は愚問

—子どもがいても可能なワーキングスタイルを探そう—

ママの働く背中を
見せるのも、
立派な子育て
外野は無視！
自分の働き方は
自分で見つける

「人生の未来予想図は描かない」
澤穂希

経営していたカフェやネイルサロンでは、多くの女性スタッフに働いてもらっています。当然、「妊娠しました」という報告もたくさん受けてきました。そんなときはもちろん、諸手を挙げて祝福です！

いまや、「**子どもか？　仕事か？**」なんて悩む必要は、まったくありません。「子どもがいたら仕事ができない」という思い込みが、「子どもがいるから稼げない」という現実をつくり出してしまうんです。

私自身は、3歳と4歳の年子を育てている最中に起業しました。13歳離れた3人目の妊娠中には、新しい事業を立ち上げて、授乳しながら産後10日には仕事復帰。もちろんそのときは大変だったけど、小さな子どもがいても可能なワーキングスタイルを確立しながら、ビジネススキルを磨いてきたことが、「**どんな現実も乗り越えられる**」というように自信につながりました。

子どもか？　仕事か？　迷ったときは、新しい働き方を探るチャンス。

もちろん、「子どもがかわいそう」なんて外野の声は無視！

ママがキラキラ輝きながら、いきいきと働く背中を見せるのは、立派な子育てですから。

CHAPTER.07

»FAMILY«

LIST 95

「毒妻」であれ

―妻であることをがんばらない―

「妻」でいるより、
「あなた」でいて
がんばりすぎて
イライラしてたら
本末転倒

「結婚生活の秘訣は、お互い、どこかひとり者の気分を残していること」
クラウディア・カルディナーレ

良妻――「良き妻」って、どんなイメージですか？

家族に毎日おいしいごはんをつくり、家に居心地のよい空間をつくり、食欲・睡眠欲・性欲という人間の三大欲求について、いつでも旦那さんの心地よいように満たしてあげる存在、ってところかな？

そういう意味では、私はまったくと言っていいほど、良妻ではありません。むしろ、世間的には「毒妻」かしら？（笑）

掃除は外注&ルンバにお任せだし、料理もあまりしません。たまにしかしないので感覚も鈍っているのか、先日は焦げたから揚げを食卓に並べちゃいました（笑）。でもね、夫婦仲は超ラブラブなんです。ダーリンは、毎日帰宅すると私のいる部屋へ一直線。私とイチャイチャしていると、1日の疲れが癒やされるんですって（笑）。

私は、妻であることをまったくがんばりません。「こうしないと愛されない」「こういう妻じゃないと認めてもらえない」なんて考えは1ミリもない。それよりも、自分の欲望に忠実に生きることのほうが大切です。泣きたいときに泣き、ほしいものはほしがり、笑いたいときは思いっきり笑う――「妻」でいるより、「自分」でいたいから。

「ハニーの幸せが、僕の幸せ」。ダーリンはそう言ってくれています♡

»FAMILY«

LIST 96

親戚の前では、「ダメ嫁」を演じよう

―なにもしないキャラでいるのが、いちばんラクチン！―

付き合いの
頻度を減らすのは
悪じゃない
キャラ設定は、
初めが肝心

「結婚に必要なものは、コミュニケーション。そして、一人になれる場所があること」
ベティ・デイヴィス

年末年始やお盆の前になると、「またこの季節がやってきた……」と憂鬱になる人はいませんか？　そう、年に2回のお勤め、**義実家への帰省**です。

義実家に着いたら、満面の笑顔でごあいさつ。ゆっくりお茶を飲む間もなく、夕飯やおせち料理の準備をお手伝い。家族が宴に興じている間は、追加のおつまみや熱燗を次々とテーブルに運び、自分は冷えた残りものをむなしくパクパク。他にも、掃除に、墓参りに、ご近所へのあいさつまわりに……って、そんなの無理だから！

親戚付き合いなんてしなそうに見られる私ですが、時々はしますよ。でもそんなとき、気がきく嫁である努力は、一切しません（笑）。親族の間でも、キャラがもうでき上がってるんです。「ハニーちゃんはそういう子なんだ」って。

こういうのは、初めが肝心です。無理してイイ嫁でいようとするから、あとで無理が生じるんです。とにかく「**この人ダメ人間？**」と思われるくらいがちょうどいい。

すでに「イイ嫁キャラ」を確立しちゃってる人は、徐々にその濃度を薄めていくのがいいかもしれません。しんどいなら思い切って、「親族の集まりには一切参加しない！」と決めてしまってもいいと思います。

イイ嫁になったところで、いいことなどありはしません。

ダメ嫁上等！　です。

CHAPTER.07

FAMILY

LIST 97

子どものことは、ほっときゃいい

―この世でいちばん楽しい子育て論―

「幸福は自分の心にも反射するが、また、多くの人々の心にも反射する」

宇野千代

私、子育てについて悩んだ記憶がありません。

3人産んで、1人はパパ違い。上の2人にとっては、思春期のときに「ママの新しいパートナー」が家族に加わりました。かなりの変形家族だけど、途中でグレることもなく、びっくりするほど素直に、自立心旺盛に成長してくれました。そんな我が家の様子を見て、「どうしたらそんなふうにできるの？」と聞かれることが多いのですが、私の子育てのスタンスは、ぶっちゃけ《**子どもにそんなに関心がない**》(笑)。

もちろん、めちゃくちゃ愛してますよ。でも、育ててるとか、親としてしっかりしなきゃとか、立派な子にしなきゃ、しつけなきゃという感覚が、まるでないのです。

子どもというのはもともと、すべてを知ってこの世に来た存在。自分で全部決めてやってくるし、こんなキテレツ母さんを選んで来てくれたくらいだから(笑)、あーだこーだ口出しする必要なし！　と思っているのです。

子どもを心配しすぎちゃう親御さんって、エネルギーが自分に向かっていない人が多い。要するに、ヒマなのかもね。

まず親がちゃんと自分の人生を生きて、日々をいきいき楽しむ姿を子どもたちに見せていくことが、「**この世でいちばんラクで楽しい子育て**」だと、私は思います。

»FAMILY«

LIST 98

かわいい子には、旅をさせよ

―放し飼いにして自由に遊ばせることが、しなやかな精神を育む―

親は子どもが
のびのび育つのを
見守るだけ
子どもがやりたいこと
は全部やらせたい！
その想いが
仕事のモチベーション

「幸運って、努力がチャンスにめぐりあうことよ」
オプラ・ウィンフリー

うちの子どもたちは旅立ちが早かった。娘は小学校卒業後、全寮制の中学へ進み、中学卒業後はカナダへ留学。上の息子は日本の高校を自主退学して、世界中を旅していました。

もちろん、親として一抹の寂しさはありましたが、いまの若い人たちにとって、語学とグローバルマインドを早いうちから身につけることは、もはや必須事項です。十代での単身海外生活は並大抵でない苦労もあるけれど、その経験が彼らをたくましく成長させてくれると信じ、早々と「放牧」しました（笑）。

いまの日本の教育システムは、私には「ブロイラーの鶏」を育てているようにしか思えません。しなやかな精神は、放し飼いにして自由に遊ばせ、自分で餌を捕まえることを覚え、失敗や苦労を乗り越えることで育まれます。私自身、「ブロイラーの鶏」が嫌で嫌でたまらなくて、とても息苦しい学生時代を過ごしたからこそ、子どもたちには自由に羽ばたける強い羽を持ってほしい、と願うのです。

私を親に選んできてくれた子どもたちにしてあげられることは、彼らの魂が決めてきた通りに、さまざまな経験をするのを見守ることだけ。その環境を与えられるだけの経済力を持っていたい！　そう思うことが、私を親として成長させてくれました。

CHAPTER.07

»FAMILY«

LIST 99

子どもから学ぼう

―自分が育てた「かなわない」存在―

子である前に、ひとりの人間として敬う
親の価値観、押しつけてない？

「恐れを抱いた心では何て小さなことしかできないことでしょう」
ナイチンゲール

人から見たら十分「自分大好き！」な人間に映るであろう私ですが、そんな私でも「自分大好き度」では絶対にかなわない！　と思う相手がいます。

それは私の上の息子、Ryuです。彼は、17歳のときに高校を自主退学。それ以来、学校ではなく地球を自分の学びのフィールドとし、セブを皮切りにブータン、タイ、シンガポール、トルコ、ポルトガル、イタリアの他、世界各国を旅してきました。

いまは帰国し、表現者としての活動をしつつ、私のビジネスも手伝ってくれています。海外旅行の際には、スマートに私をエスコートしてくれる（当然ですが英語もバッチリ）、自慢の息子です。

そんな彼は、自己肯定感がとても強い。常に自分に自信を持ち、それをいかすということを、本当に自然にやってのけています。実はこれ、私が「あなたはすごい！あなたは天才！」と言い続けて育てた成果なのです（笑）。

彼の堂々としたたたずまいを見ると、「私なんてまだまだだな」と思わされます。自分を大好きであること。いつ、どんなときでも自分の味方であること。それが、自分らしく生きるコツなのだなぁ、と彼を見て学んでいます。

子どもは、忘れかけていたことを思い出させてくれる、最高の先生です。

CHAPTER.07

»FAMILY«

LIST 100

「パパとママみたいになりたい」を目指そう

―理想は、祖父母のような仲良し夫婦―

あなたたち夫婦を、
子どもは
どんな目で見てる？
夫の愚痴を子どもに
聞かせるなんて、
もってのほか

「夫婦愛を育て支えるカギは真の意味の友情である」
宇野千代

結婚のお祝いでいただいたフォトフレームには、祖父と祖母の写真が仲良く並んでいます。祖父母は随分前に旅立ちましたが、2人はとても仲がよく、まさに理想の夫婦でした。一方で、目標にしたい夫婦どころか、むしろ「こうはなりたくないな」という反面教師だったのが自分の両親。だからこそ「**パパとママみたいな夫婦になりたい！**」と子どもたちに言ってもらえるのが、**私の目標**だったのです。

「いい夫婦」になるというのは、簡単なことではありません。その難しさは、前のパートナーとの10年にわたる結婚生活を通じて、身をもって実感しています（汗）。ラブラブだったはずの2人が、ちょっとしたボタンの掛け違いで憎み合う関係になってしまうというのは、どこにでもある話。

いまのパートナーは、バツイチ付録つきの、けっして条件がいいとはいえない私を丸ごと受け止めてくれた人。感謝の気持ちを忘れず、これからゆっくりと時間をかけて、祖父母のような「いい夫婦」になっていきたいと思っています。

あなたたち夫婦を見る子どもたちの目は、憧れに満ちていますか？

夫婦の形はさまざまだと思いますが、「**家族って、結婚って、いいものだよ**」というメッセージをあり方で示せたらいいな、と思っています。

おわりに

私は、天から与えられた私の人生を、当たり前のように、全力で生きてきました。

一家が破産したあと、夜のお仕事で糊口をしのいだ20代前半の頃。できちゃった婚をし、2人の子どもを抱えて身動きが取れなかった新米ママ時代。記憶がほとんどないほど壮絶に忙しかったシングルマザー時代。そして、難病。

波瀾万丈の人生経験は、他ならぬ「私」に降り注いだギフトであり、それを乗り越えることは、さらにしたたかでしなやかな「水輝ハニー」をつくるのに役立ちました。

30代、40代の女性は、やるべきこと、考えるべきことがたくさんあります。仕事、人間関係、恋愛、結婚、家族……。

忙しい日常の中で、ふと「私の生きたい人生って、これだったのかな?」「本当は私、なにがしたいの？　なにがほしいの？」という問いを、自分自身にしてしまう……。そんな女性たちの背中を、少しでも押すことができれば——という気持ちで書いたのが、この本です。

人生は選択の連続です。その「選択」は、一つひとつは小さく見えるかもしれませんが、結果としてそのすべてが、あなたの人生を形づくっていきます。

「きれいごと」「常識」「世間体」ではなく、自分の本音、心地よさで選ぶこと。「女である私」を全肯定し、いかし切ること。

私がやっていることは、シンプルに言えばそれだけ。

でも、それだけで「お金」「愛」「美」を手に入れながらここまできたのは、紛れもない事実です。

本書でお伝えした私の経験が、少しでもあなたの「人生の選択」のヒントとなれば、これ以上の喜びはありません。

女に生まれたこの人生、ほしいものを全部手に入れて、生きたい人生を生き、喜び、楽しみを味わいつくしましょう。

「生まれ変わるなら、また私がいい」

そう思える人生をつくっていきましょう。

最後に、この本を書く機会をくださった、サンクチュアリ出版のみなさん。丁寧にサポートしてくださった編集者の吉田麻衣子さん。執筆を支え、いつも笑顔で励ましてくれた家族をはじめ、かかわっていただいたすべてのみなさまに心から感謝を申し上げます。

２０１７年２月　水輝ハニー

「女に効く、女の名言」引用文献

P49、75、141
『愛する言葉』岡本太郎・敏子／イースト・プレス／2006年

P55、201
『「いい人」をやめると楽になる』曽野綾子／祥伝社／2002年

P99
『生き方名言新書 1 林真理子』林真理子／小学館／2008年

P79
『英語で読む世界の名言 英語で人生を学ぶ』ディビッド・セイン／アスコム／2011年

P21
『笑顔で生きる魔法の言葉』高橋尚子／角川書店／2012年

P83
『お母ちゃんからもろた日本一の言葉』コシノジュンコ／イースト・プレス／2011年

P77、93、97、101、103、133、143、145、155、197、217
『大人の女の名セリフ』Grazia編集部編／講談社／2010年

P57、111、163
『オードリー・ヘップバーン 愛される人になるための77の言葉』
STUDIO PAPER PLANET／光文社／2016年

P91
『おひとりさまの老後』上野千鶴子／法研／2007年

P173、185
『97歳の幸福論。ひとりで楽しく暮らす、5つの秘訣』笹本恒子／講談社／2012年

P31、37、123、127、131、135、139、149、169、203、221、223
『恋する女の、いい言葉』大原千、柴門ふみ／PHP研究所／2016年

P129
『ココ・シャネル 女を磨く言葉』高野てるみ／PHP研究所／2012年

P35、63、81、117、159、161、177、199、229
『心を揺さぶる! 英語の名言』松本祐香／PHP研究所／2006年

P43、69、89、109、115、137、165、167、195、209、211、213、227
『コトバのギフト 輝く女性の100名言』上野陽子／講談社／2013年

P87
『この世でいちばん大事な「カネ」の話』西原理恵子／角川書店／2011年

P171、207
『シゴトのココロ』松永真理／小学館／2004年

P157
『塩一トンの読書』須賀敦子／河出書房新社／2003年

P45
『人生を豊かにする英語の名言』森山進／研究社／2003年

✣ P59
『高峰秀子の言葉』斎藤明美／新潮社／2014年
✣ P61
『東大で上野千鶴子にケンカを学ぶ』遙洋子／筑摩書房 ／2000年
✣ P95
『裸でも生きる〜25歳女性起業家の号泣戦記』山口絵里子／講談社 ／2007年
✣ P183
『ハッピープチマクロ 10日間でカラダを浄化する食事』西邨マユミ／講談社／2012年
✣ P23、51、71、205
『「人を動かす」英語の名言』大内博、ジャネット・ノーダイク大内／
講談社インターナショナル／2000年
✣ P187
『一〇三歳になってわかったこと 人生は一人でも面白い』篠田桃紅／幻冬舎／2015年
✣ P107
『ブック・アサヒ・コム』朝日新聞社／2010年（ウェブサイト）
✣ P105
『星花火　夏目雅子写真集』夏目雅子／新潮社／1991年
✣ P25、27、29、33、39、41、47、67、73、125、179、181、191、225
『毎日がポジティブになる！ 元気が出る言葉366日』西東社編集部／西東社／2016年
✣ P65、113、219
『負けない自分になるための32のリーダーの習慣』澤穂希／幻冬舎／2011年
✣ P175
『面倒だから、しよう』渡辺和子／幻冬舎／2013年
✣ P189
『野心のすすめ』林真理子／講談社／2013年
✣ P121、151、231
『恋愛作法 愛についての448の断章』宇野千代／集英社文庫／1994年
✣ P147
『恋愛関係』森瑤子／角川文庫／1988年

◎名言は上記より引用させていただきました。この場を借りて心より感謝を申し上げます。
また、出典として記載した書籍以外にも記述があり、異なる表現がある場合もあります。
◎本書に名言が掲載されているページ数、出典元の順で記載しています。
◎本書でご紹介した情報は書籍刊行時点でのものであり、 変更する場合があります。

著者プロフィール

✦ 水輝ハニー ✦

Honey Mizuki

1972年生まれ。実業家。

保育園児の年子2人の育児中だった27歳のときに、まったくの素人から起業。

「洋菓子店」「エステサロン」「ネイルサロン」「セレクトショップ」「ダイニングレストラン」など、次々と繁盛店に成長させる。

プライベートでは、実家の破産、夜逃げ、結婚、出産、離婚、原因不明の難病、再婚を経験。現在は、3人の子どもとパートナーとともに軽井沢在住。

その生きる姿が多くの女性の共感を呼び、ブログは月30万PVを誇る。トークイベント、セミナーは毎回キャンセル待ちが出るほどの人気。

お金・愛・美ほしいものすべて手に入れる
無敵美女

2017年2月10日　初版発行
2017年3月17日　第2刷発行（累計1万4千部）

著者　水輝ハニー

イラスト　MIZUKI
カバーデザイン　井上新八
本文ディレクション　松浦周作（mashroom-design）
本文デザイン　石澤 縁（mashroom-design）
DTP　高本由美（mashroom-design）
営業　津川美羽／筑田 優（サンクチュアリ出版）
編集　吉田麻衣子（サンクチュアリ出版）
発行者　鶴巻謙介
発行・発売　サンクチュアリ出版
〒151-0051 東京都渋谷区千駄ヶ谷2-38-1
TEL 03-5775-5192　FAX 03-5775-5193
URL http://www.sanctuarybooks.jp/
E-mail info@sanctuarybooks.jp

印刷・製本　萩原印刷株式会社

ISBN978-4-8014-0037-5